ARKANA

Buch

Jeder Mensch verfügt über ungeahnte Kräfte, die in ihm schlummern. Kaum jemand aber nützt dieses immense Energiepotential, weil es nur über das Unterbewußtsein aktiviert werden kann. Psychokybernetik ist der Schlüssel zu dieser Kraft.

Autor

Kurt Tepperwein ist ein bekannter Hypnosefachmann und Heilpraktiker.

Von Kurt Tepperwein ist außerdem im Goldmann Verlag erschienen:

Die Kunst mühelosen Lernens (10459)
Kraftquelle Mentaltraining (12141)
Die Geistigen Gesetze (21610)
Der Weg zum Millionär (21551)
Bewusstseinstraining (21549)
Jungbrunnen Entsäuerung (14207)
Das Geldgeheimnis (16380)

KURT TEPPERWEIN

Geistheilung durch sich selbst

Gesund und glücklich durch
Psychokybernetik
und Hypnomeditation

ARKANA

Umwelthinweis:
Alle bedruckten Materialien dieses Taschenbuches
sind chlorfrei und umweltschonend.

Der Goldmann Verlag
ist ein Unternehmen der Verlagsgruppe Random House GmbH

Vollständige Taschenbuchausgabe Juli 1983
Wilhelm Goldmann Verlag, München

Umschlaggestaltung: Design Team München
Umschlagfoto: Premium/Chroma Zone
Lektorat: Michael Görden/DvW
DTP/Satz: Martin Strohkendl
Druck: Elsnerdruck, Berlin
Verlagsnummer: 11738
WL · Herstellung: Stefan Hansen
Made in Germany
ISBN 3-442-11738-0
www.goldmann-verlag.de

19. Auflage

Inhaltsverzeichnis

Lieber Leser!

In jedem Menschen schlummert ein göttlicher Funke. Es ist unsere Lebensaufgabe, diesen Funken zur hellen Flamme zu entfachen, indem wir uns durch hohe Ideale leiten lassen. Wenn wir so in Harmonie mit unserem hohen Selbst leben, sind wir frei von Krankheit und Leid.

Sobald aber unsere menschliche Natur unser Handeln bestimmt, leben wir in Disharmonie mit uns selbst. Diese Disharmonie aber manifestiert sich in Form von Krankheit und Schicksalsschlägen.

Unser Körper, ja unser ganzes Leben ist nichts anderes als ein genaues Spiegelbild unserer geistigen Situation, denn es ist der Geist, der den Körper formt und unser Schicksal bestimmt.

Der fähigste Arzt und die beste Medizin können nicht heilen, sondern nur die Heilkraft in uns anregen. Heilung durch den Geist ist daher nicht nur eine Gesetzmäßigkeit, sondern der einzige Weg zur seelischen und körperlichen Gesundheit.

Kurt Tepperwein

Es ist der Geist,
der sich den Körper baut.

GOETHE

Vorwort

Mit der Kraft unseres Geistes können wir jede Krankheit besiegen. Mit einer negativen geistigen Einstellung aber, mit Egoismus, Neid und Zorn, können wir auf die Dauer niemals gesund bleiben. Vor allem die Lebensangst lässt viele Menschen krank werden und vorzeitig altern.

Eine positive Einstellung, innere Ruhe und eine heitere Gelassenheit gegenüber den unabänderlichen Wechselwirkungen des Lebens fördern und erhalten die Gesundheit und Spannkraft.

Unsere Gedanken haben eine ungeheure Macht. Es ist in unsere Entscheidung gelegt, diese Macht zu unserem Nutzen oder Schaden einzusetzen. Mit der Kraft unserer Gedanken bestimmen wir nicht nur über Gesundheit oder Krankheit, sondern unsere Gedanken sind unser Schicksal. Das ist eine Gesetzmäßigkeit, der sich keiner von uns entziehen kann: aber es ist gleichzeitig eine wunderbare Chance.

Wir haben die Chance, unser Leben nach unseren Wünschen zu gestalten.

Unser Schicksal beruht wesentlich auf unserer Gesundheit. Das vorliegende Buch soll Ihnen einen Weg zeigen, wie Sie Krankheit besiegen und Ihre Gesundheit erhalten und festigen können. Wenn Sie es gelesen haben, brauchen Sie nicht mehr zu hoffen, gesund zu bleiben, es liegt in Ihrer Hand. In diesem Buch finden Sie nicht nur gut gemeinte Ratschläge, sondern klare Techniken, die es jedem von uns ermöglichen, sich selbst geistig zu heilen.

»Die größte Entdeckung unserer Generation besteht darin, dass der Mensch fähig ist, sein Leben zu ändern, indem er seine Gedanken ändert, denn unsere Gedanken bestimmen unser Schicksal.«

William James

1. Einleitung

Die meisten Menschen ruinieren in der ersten Hälfte ihres Lebens ihre Gesundheit, um zu Geld zu kommen, und geben dieses Geld in der zweiten Hälfte wieder aus, um gesund zu werden.

Auch ich habe jahrelang diesen Fehler gemacht und auf die immer häufiger auftretenden Alarmsignale des Körpers nicht geachtet, bis mir 1969 die Rechnung für die ständige Überforderung präsentiert wurde. Ich wurde mit akutem Nierenversagen ins Krankenhaus eingeliefert und musste mich einer schwierigen Operation unterziehen. Jedoch zeigte sich dann, dass die Operation nicht den gewünschten Erfolg gebracht hatte. Der untersuchende Professor empfahl mir dringend, die kranke Niere möglichst bald in einer weiteren Operation ganz entfernen zu lassen, da eine Heilung nicht mehr möglich sei.

Ich hatte mich von der vorangegangenen Operation noch nicht erholt und konnte mich darum nicht zu der empfohlenen erneuten Operation entschließen, musste aber so damit rechnen, auch noch die andere Niere zu verlieren, und wäre dann für den Rest meines Lehens auf eine künstliche Niere angewiesen gewesen.

In dieser verzweifelten Situation hörte ich »zufällig« von einem Kursus für geistiges Heilen. Unter anderen Umständen hätte ich mich als »Realist« dafür sicher nicht interessiert, denn ich stand diesen Dingen sehr skeptisch gegenüber; aber in meiner Not wollte ich nichts unversucht lassen. So besuchte ich diesen Kursus.

Schon bald fing ich an, meine neu erworbenen Kenntnisse an mir zu erproben. Nach und nach begannen meine Beschwerden abzuklingen. Als ich nach einigen Wochen völlig frei von Beschwerden war, meldete ich mich erneut zu einer Untersuchung bei dem Professor, der mich untersucht hatte. Die Röntgenbilder zeigten eindeutig, dass die »kranke« Niere einwandfrei arbeitete. Inzwischen sind fünf Jahre vergangen, und ich bin seither völlig gesund.

Ich bin auf diesem Weg weitergegangen und habe die Sache zu meinem Lebensinhalt gemacht. Aus Dankbarkeit habe ich dieses Buch der geistigen Heilung niedergeschrieben, um auch anderen Menschen Gelegenheit zu geben, sich selbst zu helfen.

2. Imagination – die Sprache des Unterbewusstseins

Der Informationsinhalt

»Ein Bild sagt mehr als tausend Worte«

Wenn man sich mit jemandem verständigen will, muss man seine Sprache sprechen. Die »Sprache« des Unterbewusstseins ist die Imagination, also die bildhafte Vorstellung. Bevor wir daran gehen, unser Unterbewusstsein zu beeinflussen, wollen wir seine Sprache erlernen. Viele, die mir bis hierhin folgten, sprechen diese Sprache bereits mühelos.

Sie brauchen nur die Augen zu schließen – und schon sehen Sie jedes gewünschte Bild vor sich. Jedes Kind kann dies noch von Natur aus; nur wir Erwachsene haben es zumeist verlernt.

Das Abc des Unterbewusstseins

Beginnen wir mit dem »Abc«. Wir stellen uns zunächst ganz einfache Bilder vor, die jedem bekannt sind und eine typische Form haben. Fangen wir mit der Banane an. Schließen Sie die Augen und sehen Sie vor sich eine Banane. Halten Sie dieses Bild vor Ihrem geistigen Auge fest, bis es ganz deutlich wird.

Sehen Sie es nun in Farbe. Üben Sie dies, bis Sie die Banane leuchtend gelb sehen können. Nun öffnen Sie die Augen wieder, und Sie versuchen beim nächsten Schließen der Augen das Bild sofort wieder deutlich und in Farbe vor sich zu sehen. Dies üben Sie, bis Ihnen die Vorstellung jederzeit sofort gelingt.

Wechseln Sie dann das Bild und stellen Sie sich nun einen Apfel vor. Sehen Sie deutlich die typische Form und ganz klar die grüne Farbe.

Zum Schluss sehen Sie noch eine Orange, bis auch diese ganz deutlich in Form und Farbe vor Ihrem geistigen Auge steht. Üben Sie nun mit geschlossenen Augen die Bilder zu wechseln, bis Ihnen dies jederzeit mühelos gelingt.

Sie beherrschen nun das »Abc« der Sprache des Unterbewusstseins. Wir können also beginnen, statt nur »Wörter« ganze »Worte« in dieser Sprache zu denken.

Nehmen wir wieder einen alltäglichen Vorgang. Jemand begrüßt Sie mit Handschlag. Sie sehen mit geschlossenen Augen ganz deutlich, wie diese Person auf Sie zutritt und Ihnen die Hand reicht. Sie schauen dieser Person dabei ins Gesicht, in die Augen und erkennen, wer Sie da begrüßt. Wichtig ist, dass Sie nicht nur ein verschwommenes Bild sehen. Sie müssen alle Einzelheiten deutlich erkennen können. Lassen Sie also diesen kleinen Film immer wieder vor Ihrem geistigen Auge ablaufen und achten Sie dabei auf jede Einzelheit. Was macht die Person für ein Gesicht? Wie ist sie gekleidet? Begrüßt sie Sie mit festem Händedruck oder kraftlos. Erfassen Sie diesen Vorgang mit allen Sinnen. Wenn die Person bei der Begrüßung spricht, können Sie »hören«, was sie sagt?

Begegnung mit einem Menschen

Üben Sie diesen Vorgang immer wieder, bis Sie mit sämtlichen Sinnen alle Einzelheiten erfassen können, und lassen Sie sich nicht entmutigen, falls es Ihnen nicht auf Anhieb gelingt. Sie wollen ja in dieser Sprache mit Ihrem Unterbewusstsein sprechen. Und wer undeutlich spricht, muss damit rechnen, nicht verstanden zu werden. Damit es nicht zu langweilig wird, wechseln Sie den Vorgang öfters. Vielleicht fällt es Ihnen leichter, sich vorzustellen, wie Sie etwas einkaufen oder wie Sie mit Ihrer Familie beim Fernsehen sitzen. Nehmen Sie anfangs einen Vorgang, den Sie sich leicht vorstellen können, und steigern Sie den Schwierigkeitsgrad, bis Sie jederzeit jeden beliebigen Vorgang ganz deutlich in allen Einzelheiten und in natürlichen Farben sehen können.

Sich selbst sehen

Manche Menschen haben Schwierigkeiten, sich selbst zu sehen. Sollte dies bei Ihnen auch so sein, dann nehmen Sie einige Fotos von sich zur Hand, schauen Sie eines nach dem anderen lange an und prägen Sie sich alle Einzelheiten ein. Dann schließen Sie die Augen und sehen Sie die gleichen Bilder nun deutlich vor Ihrem geistigen Auge. Auf diese Art ist die Schwierigkeit meist schon beim ersten Versuch behoben.

Farbig sehen

Andere haben Schwierigkeiten beim Farbensehen. Sie können zwar jedes Bild und jeden Vorgang deutlich vor ihrem geistigen Auge erkennen, aber immer nur schwarzweiß. Hier hat sich folgende Technik bewährt. Sie stellen sich in Gedanken eine weiße Wand vor, nehmen einen Eimer mit der entsprechenden Farbe und einen Pinsel und streichen nun die Wand Strich für Strich mit der Farbe an, bis die Wand ganz in dieser Farbe gestrichen ist. Wiederholen Sie dies, bis Sie zum Schluss die ganze Wand deutlich in dieser Farbe vor sich sehen können.

Eine andere Technik besteht darin, sich einen Gegenstand in der angestrebten Farbe vorzustellen und dann diesen Gegenstand langsam näher an Ihre Augen heranzuführen, bis er das ganze Gesichtsfeld ausfüllt und Sie nur noch die gewünschte Farbe vor sich sehen.

Gleich welche Technik Sie anwenden, üben Sie diese, bis Sie jede Farbe schnell und deutlich vor sich sehen können. Sie werden schnell merken, es ist gar nicht so schwer und mit einiger Geduld von jedem zu erlernen.

Die Informationsintensität

Nachdem Sie nun schon ganz gut die Sprache des Unterbewusstseins »sprechen«, kommt es darauf an, die richtige »Betonung« zu üben. Denn manches, was Sie Ihrem Unterbewusstsein sagen möchten, gilt nur für den Augenblick. Anderes aber ist Ihnen so wichtig, dass Sie es Ihrem Unterbewusstsein unauslöschlich einprägen wollen.

Gemütsprägung mit Gefühl

Hier hilft Ihnen die Steuerung der Bildintensität durch begleitende Emotionen sowie die Wiederholung der Imagination. Was nur für den Augenblick Gültigkeit haben soll, das brauchen Sie sich nur einmal und ohne besondere Gefühlsbewegung vorzustellen.

Was Sie Ihrem Unterbewusstsein jedoch dauerhaft einprägen wollen, das werden Sie öfter wiederholen und mit der in einem späteren Kapital geschilderten »21-Tage-Technik« zu einem Teil Ihres Verhaltens und damit Ihrer Persönlichkeit machen. Während der Imagination begleiten Sie diese mit einem starken Gefühlsausbruch. Richten Sie Ihre ganze Freude und Zuneigung auf das gewünschte Bild und halten Sie dieses starke Gefühl so lange wie möglich mit dem Bild fest. Die Stärke Ihres Gefühls bestimmt die Tiefe und Dauerhaftigkeit, mit der sich das jeweilige Bild Ihrem Unterbewusstsein einprägt.

Die richtige Motivation

Ein Schuhverkäufer besuchte eines Tages eine abgelegene Insel und berichtete seinem Chef später ganz enttäuscht: »Dort trägt überhaupt keiner Schuhe, da können wir kein Geschäft machen.« Einige Zeit danach kommt ein anderer Schuhverkäufer dorthin und berichtet seinem Chef ganz begeistert: »Dort trägt überhaupt keiner Schuhe, da können wir ein tolles Geschäft machen.«

Die richtige Geisteshaltung

Der Unterschied liegt nur in der falschen oder richtigen geistigen Haltung. Es liegt aber an uns, die richtige Einstellung zu haben oder sie zu ändern, wenn unsere Einstellung nicht unseren Wünschen entspricht; denn ohne die richtige Einstellung ist der Erfolg unmöglich. Zur richtigen Motivation gehört auch, dass hinter jeder unserer Handlungen auch das entsprechende »Warum« stehen muss. Das ist deshalb so wichtig, weil wir nichts ohne Grund tun, oder besser, weil wir ohne Grund nichts mehr tun würden.

Ein Bekannter besuchte vor einiger Zeit die Seychellen

und war überrascht, dass die meisten Eingeborenen gar nicht oder nur zeitweise arbeiten. Die Bewohner der Insel sind sehr freundlich. So kam er mit einem von ihnen ins Gespräch und fragte ihn, warum er nicht arbeite. »Warum sollte ich arbeiten«, sagte er. »Alles, was wir zum Leben brauchen, wächst hier von selbst, und so arbeite ich nur, wenn ich eine neue Hose brauche oder ein Bier trinken möchte!«

Biertrinken ist dort eine Art Statussymbol, denn ein Bier kostet dort rund einen ganzen Tagesverdienst. An diesem einfachen Beispiel sehen Sie, wie eine Handlung abhängig sein kann vom Motiv. Sobald das Motiv erfüllt ist, hört die Handlung auf. Es ist daher wichtig, dass wir für unsere Handlungen auch immer das richtige Motiv haben.

Die Frage nach dem Warum ist in allen Bereichen sehr interessant, besonders aber bei Krankheiten. Denn Sie wissen, dass achtzig Prozent aller Krankheiten psychosomatisch bedingt sind (Psyche = Geist, Soma = Körper). Das heißt nichts anderes, als dass sie durch eine falsche geistige Einstellung entstanden sind. Es genügt daher nicht, dass wir die Wirkung, d. h. die Folge, nämlich die Krankheit beseitigen, ohne die geistige Ursache gefunden und beseitigt zu haben.

Wenn Sie einen Nagel im Schuh haben, dann hilft es Ihnen nicht, dass Sie die Entzündung mit den modernsten medizinischen Mitteln beheben. Sobald Sie den Schuh anziehen, ist die Entzündung wieder da. Eine echte Hilfe kann nur darin bestehen, den Nagel aus dem Schuh zu ziehen und damit die Ursache zu beseitigen; denn dann verschwindet die Entzündung nach Abheilung von selbst. Mit der richtigen geistigen Einstellung ist Ihnen der Erfolg sicher.

3. Der geistige Entspannungsort

Viele große Männer hatten einen geistigen Entspannungsort, an den sie sich zurückzogen, wenn sie neue Kraft schöpfen wollten, wenn sie Probleme zu bewältigen hatten oder wenn sie neue Ideen brauchten.

Die Quelle der Kraft und aller Ideen

Besonders Edison hat oft betont, dass er die Fülle seiner immer neuen Ideen, die ihm eine Unzahl von Patenten einbrachten, der Technik der Flucht an seinen geistigen Entspannungsort verdankte. Immer wenn ein Problem unlösbar erschien und er nicht weiterkam oder wenn er am Ende seiner Kräfte war, begab er sich an diesen geistigen Entspannungsort, und schon nach wenigen Minuten war er wieder voll neuer Kraft und hatte meist auch eine Idee, wie man ein gestelltes Problem lösen konnte. Heute wissen wir, dass er lediglich einen Weg gefunden hatte, die enormen Kräfte des Unterbewusstseins nutzbar zu machen.

Unsere geistige Kapazität

Denn wir nutzen nur etwa zwanzig Prozent unserer geistigen Kapazität, die restlichen achtzig Prozent bleiben normalerweise ein ganzes Leben ungenutzt.

Wenn es gelingt, auch nur einen Teil dieser geistigen Kapazität zusätzlich frei zu machen, sind wir zu ungeahnten Leistungen fähig. In diesem Teil des Buches lernen Sie einen Weg kennen, wie Sie einen beachtlichen Teil Ihrer bisher ungenutzten geistigen Kapazität nutzen können.

Im vorigen Kapitel haben Sie die »Sprache« Ihres Unterbewusstseins erlernt. In diesem Kapitel sollen Sie nun lernen, sich einen Ort der Begegnung mit Ihrem Unterbewusstsein zu schaffen, an dem Sie in dieser Sprache zu Ihrem Unterbewusstsein sprechen können. Damit haben Sie eine Möglichkeit, Ihr ganzes weiteres Leben nach Ihren Wünschen zu gestalten.

Existent oder Fantasie

Dieser Ort kann in Wirklichkeit irgendwo existent sein – oder einfach nur in Ihrer Fantasie bestehen. Wichtig ist nur, dass es ein Ort des Friedens und der Harmonie ist und Sie sich dort sehr wohl fühlen. Wenn Sie einen solchen Ort kennen, dann wählen Sie diesen zu Ihrem geistigen Entspannungsort, sollten Sie einen solchen Ort jedoch nicht kennen, dann schaffen Sie sich diesen Ort in der Fantasie. Dieser Ort sollte alles haben, was Sie lieben. Wenn Sie das Meer lieben, sollte er am Meer liegen, sind Sie ein Freund des Gebirges, dann wählen Sie einen Ort im Gebirge zu Ihrem geistigen Entspannungsort.

Gestaltung nach Ihren Wünschen

Schaffen Sie diesen Ort sehr sorgfältig nach Ihren Wünschen. Und wenn Sie einen tatsächlich existenten Ort gewählt haben, dann ändern Sie diesen nach Ihren Wünschen ab; denn es soll ein idealer Ort sein. Sie sollen sich an diesem Ort ein Leben lang wohl fühlen, weil man diesen Ort kaum wechselt, obwohl das natürlich jederzeit möglich ist.

Lassen Sie sich also viel Zeit zur Gestaltung dieses Ortes und seien Sie damit erst zufrieden, wenn alles genau nach Ihren Wünschen vor Ihrem geistigen Auge fertig ist.

Sie haben nun Ihren geistigen Entspannungsort gefunden. Es ist ein Ort der Begegnung mit sich selbst, mit Ihrem Unterbewusstsein. Von nun an sollten Sie diesen Ort täglich wenigstens einmal besuchen und für etwa zehn bis dreißig Minuten dort bleiben. Auch wenn Sie keine besonderen Wünsche an Ihr Unterbewusstsein haben, ist dieser Aufenthalt ein richtiger »Urlaub für die Seele«. Denn an diesem Ort sind Sie der Herr und Meister. Alles richtet sich nach Ihren Wünschen.

Sie bestimmen nicht nur das Aussehen, sondern auch das gesamte Geschehen an diesem Ort. Sie bestimmen also auch das Wetter, das Aussehen der Pflanzen und das Verhalten der Tiere. An diesem Ort sind Sie die *»oberste Instanz«*, und nur Ihr Wille geschieht dort. Lernen Sie dieses Gefühl einmal richtig kennen und machen Sie sich dort richtig frei von den Grenzen, die Ihnen in dieser Welt gesteckt sind. Sie werden erkennen, was Freiheit wirklich sein kann.

Der Weg zum geistigen Entspannungsort

Doch zunächst möchte ich Ihnen einen Weg zeigen, wie Sie jederzeit zu diesem Ort gelangen können, um nach Belieben »frei« zu sein und nach Ihren Wünschen die Kraft Ihres Unterbewusstseins zu nutzen.

○ Wann immer Sie zu Ihrem geistigen Entspannungsort gehen möchten, setzen oder legen Sie sich zuerst ganz bequem hin.

○ Ziehen Sie Ihre Schuhe aus, öffnen Sie enge Kleidung und entspannen Sie sich völlig.

○ Atmen Sie ruhig, gleichmäßig und tief und schließen Sie nun auch die Augen. Sorgen Sie dafür, dass Sie durch nichts gestört werden.

○ Damit Sie sich durch äußeres Geschehen nicht ablenken lassen, bleiben die Augen geschlossen, bis Sie wieder aus Ihrem geistigen Entspannungsort zurückkehren.

7-rot
6-orange
5-gelb
4-grün
3-blau
2-lila
1-violett

○ Atmen Sie tief ein. Und während Sie ausatmen, stellen Sie sich die Zahl Sieben und die Farbe ROT vor.

○ Entspannen Sie dabei Ihren Kopf – zunächst die Kopfhaut, die Stirn und dann die Augenbrauen.

○ Nun auch Ihre Ohren, das Kinn. Und lassen Sie auch die kleinen Muskeln um die Augen und den Mund locker – lassen Sie sie los und spüren Sie, wie Ihr ganzer Kopf und Ihr Gesicht sich entspannen.

○ Atmen Sie dann wieder tief ein. Und während Sie ausatmen, stellen Sie sich die Zahl Sechs und die Farbe ORANGE vor.

○ Entspannen Sie dabei Ihren Oberkörper – lassen Sie Ihre Schultern und Arme fallen und entspannen Sie dann Ihr Herz, Ihre Lungen und das Zwerchfell.

○ Spüren Sie, wie Ihr ganzer Oberkörper sich entspannt und völlig locker wird.

○ Atmen Sie wieder tief ein. Und während Sie ausatmen, stellen Sie sich die Zahl Fünf und die Farbe GELB vor.

○ Entspannen Sie dabei Ihren Bauch und die Beine bis zu den Füßen. Spüren Sie ganz deutlich, wie sich Ihr Bauch und Ihre Beine entspannen und sich alle Muskeln lockern.

○ Ihr Körper ist nun völlig entspannt, alle Muskeln sind locker, und Ihre Nerven sind völlig gelöst.

○ Atmen Sie wieder ganz tief ein. Und während Sie ausatmen, stellen Sie sich die Zahl Vier und die Farbe GRÜN vor.

○ Entspannen Sie nun auch Ihren Geist – versuchen Sie aber nicht, Ihre Gedanken zu verdrängen. Lassen Sie diese kommen, aber hängen Sie ihnen nicht nach, sondern lassen Sie sie vorüberziehen und verwehen.

○ Atmen Sie wieder ganz tief ein. Und während Sie ausatmen, stellen Sie sich die Zahl Drei und die Farbe BLAU vor.

○ Spüren Sie, wie sich Ihr Geist mehr und mehr entspannt, wie die Gedanken verwehen und wie Sie geistig immer ruhiger und ruhiger werden.

○ Atmen Sie dann wieder ganz tief ein. Und während Sie ausatmen, stellen Sie sich die Zahl Zwei und die Farbe LILA vor.

○ Ihr Geist wird nun absolut ruhig. Es kommen nun keine neuen Gedanken mehr. Sie spüren eine wunderbare Stille in sich.

○ Atmen Sie noch einmal ganz tief ein. Und während Sie ausatmen, stellen Sie sich die Zahl Eins und die Farbe VIOLETT vor (wie Stiefmütterchen).
Während Sie dieses VIOLETT vor Ihrem geistigen Auge sehen, spüren Sie in sich die absolute Stille. Sie geben

sich ganz diesem wunderbaren Gefühl der absoluten Stille hin.

Die Stille und Ihr Ich

○ Sie sind nun im Innersten Ihres Wesens. Die absolute Stille erfasst Ihr ganzes Ich und füllt es völlig aus.

○ Sie selbst werden zu dieser absoluten Stille. Sie spüren, wie Sie sich in dieser wunderbaren Stille geistig und körperlich erholen und neue Kraft schöpfen.

○ Gehen Sie nun aus dieser Stille in Ihren geistigen Entspannungsort.

○ Zählen Sie bis drei, und bei drei versetzen Sie sich an Ihren geistigen Entspannungsort.

○ Schauen Sie sich dort um und fühlen Sie die angenehme Luft, spüren Sie den leisen Wind.

○ Gehen Sie dort mit bloßen Füßen über den Boden und spüren Sie den Boden (das Gras oder den Sand) unter Ihren Füßen.

○ Heben Sie eine Hand voll Erde auf und spüren Sie die feuchte Erde in Ihrer Hand – riechen Sie an dieser Erde.

○ Wenn Sie Bäume dort haben, fühlen Sie einmal die Rinde. Ist sie glatt oder rau?

○ Erfassen Sie Ihren geistigen Entspannungsort mit all Ihren Sinnen und fühlen Sie sich dort frei und wohl.

○ Sie haben nun für das erste Mal genug getan und gehen wieder zurück. Zählen Sie langsam von eins bis sieben.

○ Bei sieben öffnen Sie die Augen. Sie sind hellwach und bei bester Gesundheit und in völliger Harmonie mit dem Leben.

○ Spüren Sie nun den tiefen inneren Frieden und eine heitere Gelassenheit, die Sie noch einige Zeit begleiten werden.

Urlaub für die Seele

Immer, wenn Sie Verlangen danach haben, begeben Sie sich auf dem oben beschriebenen Weg an Ihren geistigen Entspannungsort und erholen sich von der Hetze und Anspannung unserer Zeit. Sie können sich nun jederzeit davon befreien.

Diesen Weg in die innersten Schichten Ihres Wesens sollten Sie von nun an jeden Tag mindestens einmal gehen. Machen Sie einmal täglich *»Urlaub für die Seele«*.

Gehen Sie aber stets nur auf diesem Weg dorthin, damit Ihnen der Weg vertraut wird wie das Ziel.

Sie können sich auch das »Runterzählen« auf Tonband oder Kassette sprechen und sich dann von Ihrer eigenen Stimme hinunterführen lassen.

Wenn Sie dieses Band besprechen, vergessen Sie aber nicht, eine entsprechende Pause einzuplanen, sobald Sie unten sind, damit Sie in dieser Zeit Ihrem Unterbewusstsein die gewünschten Informationen geben können, bevor Sie sich durch das Band wieder »hochzählen« lassen. (Auf Wunsch können solche Bänder oder Kassetten auch beim Verfasser angefordert werden.)

Ändern Sie nach Möglichkeit die Worte nicht, damit jedes Wort auf dem Weg zu Ihrem geistigen Entspannungsort zu einer vertrauten Stufe dorthin wird.

Der Vorgang

Was geschieht nun eigentlich, während Sie diese geistige Technik anwenden?

Von Beta auf Alpha

Durch die Anwendung dieser Technik ändert sich die Spannung Ihrer Gehirnströme. Normalerweise haben Ihre Gehirnströme eine Frequenz von 14 bis 21 Hertz (Schwingungen pro Sekunde). Diese Frequenz nennt man BETA.

Durch Anwendung der vorher geschilderten geistigen Technik ändert sich die Frequenz auf 7 bis 14 Hertz. Diese Frequenz nennt man ALPHA.

Mit dem EEG-Gerät kann diese Spannungsänderung gemessen werden. Durch die Änderung der Gehirnstromfrequenz geraten Sie auf eine andere geistige Ebene, auf der Sie in direktem Kontakt zu Ihrem Unterbewusstsein stehen.

Deshalb ist es hier möglich, durch Anwendung der »Sprache« Ihres Unterbewusstseins Ihr Verhalten und Ihre ganze Persönlichkeit zu beeinflussen und zu ändern. Seien Sie sich jedoch immer bewusst, dass Ihr Unterbewusstsein ein hochkomplizierter Automat ist.

Greifen Sie nur dann ein, wenn Sie absolut sicher sind, dass dies zu Ihrem Vorteil geschieht. Wenn Sie aber eingreifen wollen, dann verwenden Sie die im Kapitel »Psychokybernetik« geschilderten Techniken.

Ihre erste Gemütsprägung

Nachdem Sie sich mit Ihrem geistigen Entspannungsort und dem Weg dorthin vertraut gemacht haben, geben Sie nun Ihrem Unterbewusstsein als erste Information die Worte für einen positiven Geist und eine vollkommene Gesundheit.

Wenn Sie wieder im Innersten Ihres Wesens sind, wenn die absolute Stille Ihr ganzes Ich erfasst und es völlig ausfüllt, wenn Sie selbst zu dieser absoluten Stille werden, denken oder hören Sie nun folgende Worte:

Worte für einen positiven Geist und eine vollkommene Gesundheit

- »Ich habe immer nur positive Gedanken, die mich gesund, erfolgreich und glücklich machen.
- Ich nutze die Kräfte meines Geistes mehr und mehr und werde hierbei von Tag zu Tag erfolg-reicher.
- Ich habe volle Kontrolle und absolute Führung über meine Gedanken und Fähigkeiten auf jeder Ebene meines Geistes, und ich nutze diese Fähigkeiten, um meine Ziele zu erreichen.
- Ich werde diese Fähigkeiten jedoch nie zum Nachteil anderer verwenden.
- Ich werde immer einen positiven Geist haben, der meinen Körper gesund erhält.
- Ich habe ein gesundes Herz und einen kräftigen Körper.
- Meine Lungen und mein Verdauungssystem arbeiten perfekt.

- Meine Muskeln und Gelenke sind frei und beweglich, meine Nerven ruhig und gelöst.
- Mein Blut ist sauber und meine Haut rein.
- Immer wenn ich mich auf diese geistige Ebene begebe, werde ich geistig und körperlich erfrischt sein. In der Anwendung meiner geistigen Fähigkeiten werde ich von Tag zu Tag erfolgreicher.«

Stellen Sie sich diese Worte nun bildhaft vor und verbinden Sie sie mit einem starken Gefühl der Freude. Diese Bilder prägen sich dabei ganz tief Ihrem Unterbewusstsein ein. Sie werden sich mehr und mehr verwirklichen.

Zählen Sie nun wieder langsam von eins bis sieben, und bei sieben öffnen Sie die Augen. Sie sind hellwach und bei bester Gesundheit und in völliger Harmonie mit Ihrem Leben.

Wenn Sie auf dieser geistigen Ebene diese Worte und Bilder immer wieder denken und hören und diese mit einem starken Gefühl der Freude verbinden, dann werden sie Teil Ihrer Persönlichkeit. Der Erfolg ist Ihnen sicher.

Die Kurztechnik

Wichtig ist, dass Sie den Weg zu Ihrem geistigen Entspannungsort täglich trainieren, denn nur regelmäßiges Training bringt sicheren Erfolg. Nach einigen Wochen genügt dann eine Kurzfassung des Zählens, die ich Ihnen nachstehend gebe.

Sie vergewissern sich zunächst immer, dass Sie nun nicht

gestört werden, und machen es sich dann ganz bequem. Entspannen Sie sich wieder völlig und atmen Sie ruhig und gleich bleibend.

Von 7 bis 1 kurz gefasst

- Atmen Sie tief ein. Und während Sie ausatmen, stellen Sie sich die Zahl Sieben und die Farbe ROT vor. Entspannen Sie dabei Ihren Kopf.
- Atmen Sie tief ein. Und während Sie ausatmen, stellen Sie sich die Zahl Sechs und die Farbe ORANGE vor. Entspannen Sie dabei Ihren Körper.
- Atmen Sie tief ein. Und während Sie ausatmen, stellen Sie sich die Zahl Fünf und die Farbe GELB vor. Entspannen Sie dabei Ihren Bauch und die Beine.
- Atmen Sie tief ein. Und während Sie ausatmen, stellen Sie sich die Zahl Vier und die Farbe GRÜN vor. Entspannen Sie dabei Ihren Geist.
- Atmen Sie tief ein. Und während Sie ausatmen, stellen Sie sich die Zahl Drei und die Farbe BLAU vor. Entspannen Sie dabei Ihren Geist noch mehr.
- Atmen Sie tief ein. Und während Sie ausatmen, stellen Sie sich die Zahl Zwei und die Farbe LILA vor. Nun hat Ihr Geist sich entspannt.
- Atmen Sie tief ein. Und während Sie ausatmen, stellen Sie sich die Zahl Eins und die Farbe VIOLETT vor. Ihr Geist ist nun völlig entspannt.
  Sie haben nun wieder die absolute Stille.

Inzwischen haben Sie einige Übung und verwenden für jede Zahl nur einen Atemzug, also einmal Ein- und Ausatmen.

Dabei kommt es auf das richtige Atmen an:

Atmen Sie 8–4–8–4

- ○ Wenn Sie einatmen, sollte sich nur Ihr Bauch heben.
- ○ Das Einatmen sollte acht Pulsschläge dauern.
- ○ Dann atmen Sie vier Pulsschläge nicht.
- ○ Dann atmen Sie während acht Pulsschlägen aus.
- ○ Dann wieder vier Pulsschläge nicht atmen.

Sie werden sehen, dass allein schon das richtige Atmen eine wohl tuend beruhigende Wirkung ausübt, wie dies unter dem Titel »Heilatmen« noch ausführlicher beschrieben ist.

Erkenne dich selbst!

Sie haben sich nun den Ort der Begegnung mit Ihrem Unterbewusstsein geschaffen. Sie beherrschen die Sprache des Unterbewusstseins. Jetzt kommt es darauf an, von diesem Wissen richtigen Gebrauch zu machen. Bevor Sie anfangen, sich zu ändern, sollten Sie sich selbst gründlich kennen lernen.

Machen Sie einen Persönlichkeitstest, erforschen Sie sich selbst und ziehen Sie Bilanz.

Erkennen Sie dabei die Ursachen für Ihre Disharmonie und damit für Ihre Krankheiten.

4. Psychokybernetik

Die »eingebildete« Krankheit

Vor einigen Jahren las ich in einem Lehrbuch für Hypnose von einem interessanten Versuch. Ein Hypnotiseur hatte einer Studentin in Hypnose die Suggestion gegeben, er lege ihr nun ein Stack Eis auf den Handrücken und sie würde ganz deutlich die Kühle des Eises spüren. In Wirklichkeit hatte er ihr eine Münze auf den Handrücken gelegt.

Brandblase eingebildet und erzeugt

Dann nahm er die Münze wieder weg und gab ihr die Suggestion, nun werde er ihr ein heißes Stock Metall auf den anderen Handrücken legen. Tatsächlich legte er die gleiche Münze auf den anderen Handrücken. Die Studentin zuckte zusammen und verzog das Gesicht, als ob sie sich verbrannt hätte. Tatsächlich zeigte sich nach wenigen Minuten auf dem Handrücken eine »Brandblase« wie bei einer echten Verbrennung. Als die Studentin nach Beendigung der Hypnose nach ihren Eindrücken befragt wurde, konnte sie sich ganz deutlich an das kühle Empfinden erinnern, als das Stück »Eis« auf den einen Handrücken gelegt wurde, und ebenso deutlich erinnerte sie sich an den stechenden Schmerz, als der Hypnotiseur das »heiße« Stück Metall auf den anderen Handrücken gelegt hatte.

Sie wollte es zunächst gar nicht glauben, dass es sich in beiden Fällen um die gleiche Münze gehandelt hatte. Was war geschehen?

Das Unterbewusstsein glaubte die Information von dem heißen Metall, nahm sie wörtlich und reagierte wie bei einer echten Verbrennung mit einer Brandblase. Daran können wir ermessen, wie weit eine geistige Vorstellung sich körperlich manifestieren kann. Ebenso kann man sich natürlich auch eine Krankheit ein»bilden«.

Durch den ständigen Gedanken daran bildet sich diese Krankheit tatsächlich. Der Arzt kann sie feststellen; alle Symptome der Krankheit sind vorhanden, und auch die Beschwerden sind durchaus echt; aber er wird keine Ursache finden und versuchen, die Symptome der Krankheit mit Medikamenten zu beseitigen. Meist zeigt es sich dann, dass die Krankheit besonders hartnäckig allen Medikamenten widersteht. Sollten Sie in einer solchen Situation sein, kann in diesem Fall eine wirkliche Heilung nur einer Änderung Ihrer geistigen Haltung erwachsen. Sobald Sie die krank machende Vorstellung beenden, werden auch die Symptome der Krankheit schnell und ohne Medikamente verschwinden. Hieraus sollten wir nicht nur lernen, uns keine Krankheiten mehr einzubilden, indem wir jede negative Imagination, also jede abträgliche bildhafte Vorstellung, vermeiden; sondern noch viel wichtiger erscheint mir, dass man diesen Vorgang auch umkehren kann, indem wir uns Gesundheit ein»bilden«.

Sich Gesundheit ein»bilden«

Wenn Sie sich angewöhnen, alle negativen Gedanken sofort energisch zu verscheuchen und sich ständig vor Ihrem geistigen Auge positiv und gesund sehen, so wird sich diese Vorstellung ganz allmählich durchsetzen; denn Ihr Unterbewusstsein nimmt auch dies wörtlich und glaubt auch die ständige Vorstellung der Gesundheit. Sie werden tatsächlich gesund und bleiben gesund.

Ihr Unterbewusstsein ist besonders empfänglich, wenn Sie ihm die erwünschte Vorstellung an Ihrem geistigen Entspannungsort geben.

- ○ Schicken Sie Ihren Geist zweimal täglich für zehn Minuten in Urlaub und »sehen« Sie sich gesund.
- ○ Vermeiden Sie dabei alles Negative, denken Sie auch nicht, dass Ihre Krankheit allmählich verschwindet, sondern sehen Sie das Ergebnis vor sich, als sei das Ziel bereits erreicht.
- ○ Sehen Sie sich, wie Sie gesund und voller Vitalität sind – und Sie werden es sein.
- ○ Der Mensch ist das, was er glaubt zu sein.

Am geistigen Entspannungsort sich selbst gesund sehen

Wenn Sie bedenken, dass achtzig Prozent aller Krankheiten psychosomatisch bedingt sind, also durch seelische Vorgänge ausgelöst werden, dann erkennen Sie die enormen Möglichkeiten, hier mit Hilfe der Psychokybernetik steuernd einzugreifen.

Natürlich sollten Sie trotzdem zum Arzt gehen, wenn Sie krank sind, aber Sie haben die Möglichkeit, den Krankheitsverlauf ganz entscheidend abzukürzen. Und was noch viel wichtiger ist: Sie können die meisten Krankheiten ganz vermeiden.

Als meine Frau sich vor einigen Jahren einer schweren Operation unterziehen musste, staunten die behandelnden Ärzte von Tag zu Tag mehr, als die Wunde in wenigen Tagen völlig verheilte. Sie wollten es zunächst nicht glauben, dass dieses »Wunder« nur darauf zurückzuführen war, dass sie sich täglich an ihrem geistigen Entspannungsort gesund sah, weil sie wusste, dass so Wunden vier- bis fünfmal schneller heilen.

Der Placeboeffekt und der »Auslöser«

Abführmittel zum Schlafen

Eine Patientin erzählte mir vor einiger Zeit folgenden Vorfall. Sie litt an chronischer Schlaflosigkeit und musste ständig Medikamente nehmen. Zum Schluss nahm sie jeden Abend vier Schlaftabletten. Eines Abends verwechselte sie ihre Schlaftabletten mit einem leichten Abführmittel und konnte danach, wie gewohnt, schlafen. Sie wunderte sich zwar über den Durchfall am nächsten Tag, dachte sich aber zunächst noch nichts dabei. Nachdem sie am nächsten Abend aus dem gleichen Röhrchen wieder vier »Schlaftabletten« genommen hatte und der Durchfall am nächsten Tag noch stärker war, wurde sie aufmerksam und bemerkte ihr Versehen. Sie erkannte, dass sie ohne Schlaftabletten ebenso gut geschlafen hatte und nahm von da an keine Tabletten mehr.

Hier war der »Placeboeffekt« wirksam geworden. Die Frau bzw. ihr Unterbewusstsein hatte geglaubt, sie habe

Schlaftabletten eingenommen und sich entsprechend verhalten.

Ein Doppelblindtest

In einem Doppelblindversuch in einer bekannten Klinik wurden die Patienten in zwei Gruppen eingeteilt. Die eine Gruppe erhielt wie bisher die gewohnten Medikamente, die andere Gruppe erhielt genau gleich aussehende Tabletten ohne Wirkstoff. Weder der Arzt noch der Patient wusste, ob er zu der einen oder der anderen Gruppe gehörte.

Die Erfolgsquote bei der Gruppe, die mit den gewohnten Medikamenten behandelt worden war, lag bei siebzig Prozent. Die Erfolgsquote bei der anderen Gruppe, die nur ein Scheinmedikament erhalten hatte, lag ebenfalls bei siebzig Prozent.

Dieser Versuch scheint zu beweisen, dass das Medikament bestenfalls auslösende Funktion hat, die Heilung erfolgt durch das Unterbewusstsein. Die alte Volksweisheit scheint also nicht so Unrecht zu haben, wenn sie sagt: Ein Schnupfen dauert ohne ärztliche Behandlung vierzehn Tage, mit ärztlicher Behandlung zwei Wochen.

Die Bedeutung des »Auslösers«

Ihr Unterbewusstsein reagiert natürlich nicht nur auf ein Medikament als Auslöser, sondern Sie können praktisch *jeden beliebigen Vorgang* als Auslöser verwenden.

Ich habe mein Unterbewusstsein z. B. darauf trainiert, dass ich, immer wenn ich mich hinlege, sofort ganz ruhig werde, alle Probleme von mir abfallen und ich mich völlig entspanne.

Der Trigger (das auslösende Moment) ist hier also das Hinlegen. Sobald ich mich hinlege, folgt sofort der ganze Verhaltensablauf als bedingter Reflex, wie bei dem bekannten Versuch von Pawlov, der beim Füttern eines Hundes immer vorher eine Glocke läutete. Zum Schluss lief dem Hund schon beim Läuten der Glocke das Wasser im Maul zusammen.

Es wurden im Unterbewusstsein miteinander in bestimmter Reihenfolge zwei Dinge verbunden, die nichts miteinander zu tun haben; denn man hätte den Hund natürlich anstatt auf das Läuten der Glocke genauso gut auf ein Lichtsignal trainieren können. Sein Verhalten wäre das Gleiche gewesen.

Das Training des gewünschten Verhaltens erfolgt wie immer an Ihrem geistigen Entspannungsort, da dort das Unterbewusstsein am leichtesten ansprechbar ist. Wenn es sich um eine einmalige Sache handelt, wie z. B. das Verhalten bei einer Prüfung, dann genügt die mehrmalige Anwendung der *»Tafeltechnik«*. Sollten Sie aber die Absicht haben, ein Verhalten dauerhaft zu ändern, dann wenden Sie die *»21-Tage Technik«* an. (Diese Techniken werden noch ausführlich erörtert.)

Sorgfältige Auswahl des »Auslösers«

Es ist wichtig, dass Sie sich Ihren Auslöser sehr sorgfältig aussuchen. Zwar reagiert das Unterbewusstsein auf jeden beliebigen Auslöser; aber es wäre sicher nicht richtig, wenn Sie sich beispielsweise darauf programmierten, dass Sie jedesmal zu tanzen wünschen, wenn Sie Musik hören. Der Auslöser Musik kommt einfach zu häufig vor. Es könnte sehr störend sein, wenn Sie bei einer wichtigen Arbeit Musik hören und ständig gegen den Wunsch zu tanzen ankämpfen müssten. Wählen Sie daher unbedingt einen Auslöser, der von Ihnen jederzeit nach Belieben in Funktion gesetzt und abgestellt werden kann.

Bewährte »Auslöser«

Ich gebe Ihnen nachstehend eine Reihe von erprobten und von mir selbst verwendeten Auslösern, bei denen Sie keine Schwierigkeiten haben werden:

- Sobald ich mich hinlege, werde ich ganz ruhig. Alle Probleme fallen von mir ab, und Körper und Nerven entspannen sich völlig.
- Immer wenn ich gefragt werde, weiß ich sofort die richtige Antwort.
- Wenn ich ein Problem lösen will, gebe ich das Problem in allen Einzelheiten abends meinem Unterbewusstsein mit der *»Tafeltechnik«* ein, und sobald ich am nächsten Morgen die Augen öffne (oder etwas trinke), fällt mir die Lösung ein.
- Immer wenn ich dreimal tief durch den Mund einatme, bin ich sofort zu sportlichen Höchstleistungen fähig.

  (Hier ist wichtig, dass Sie sich sagen, »wenn ich durch den *Mund* atme«, sonst mobilisiert Ihr Unterbewusstsein jedesmal alle körperlichen Reserven, sobald Sie mehrmals tief atmen. Da sie aber mehrmals am Tag Tiefatmung machen sollten, allerdings durch die Nase, würde die Bereitstellung der körperlichen Reserven unnötig erfolgen, und Ihr Unterbewusstsein würde nach einiger Zeit diesen Auslöser nicht mehr beachten.)
- Jedesmal wenn ich zu einer Prüfung gehe, werde ich ganz ruhig, aber geistig hellwach.
- Sobald ich Daumen und Zeigefinger zusammenhalte, prägt sich meinem Gedächtnis alles ein, was in dieser Zeit

gesagt wird. Ich kann mich daran jederzeit wörtlich erinnern. (Dies ist besonders wichtig bei Konferenzen oder Vorlesungen.)

- ○ Immer wenn mich mein Partner zart berührt, vergesse ich sofort alle meine Sorgen. Ich bin dann voller Liebe und Zärtlichkeit.
- ○ Immer wenn ich am Steuer sitze, werde ich ganz ruhig, alle Nervosität fällt von mir ab. Ich reagiere ganz überlegen.
- ○ Sobald ich mich ins Bett lege, schlafe ich sofort ein.

Diese Reihe können Sie nach Belieben fortsetzen.

Die »Tafeltechnik«

Hier möchte ich Sie mit einer hochwirksamen Technik vertraut machen, die Ihnen bei richtiger Anwendung helfen wird, die meisten Ihrer Probleme zu lösen. Vor allem dann, wenn es darum geht, einen unerwünschten Zustand zu ändern – sei es, dass Sie eine lästige Angewohnheit ablegen, z. B. sich das Rauchen abgewöhnen möchten, sei es, dass Sie Ihre Einstellung zu Ihrem Beruf oder zu Ihren Mitmenschen ändern wollen.

Die schwarze und die weiße Tafel

Zur Anwendung dieser Technik begeben Sie sich zunächst mit den Zahlen sieben bis eins und den entsprechenden Farben an Ihren geistigen Entspannungsort. Dort richten Sie sich einen Platz ein, an dem Sie nebeneinander zwei Tafeln aufstellen.

- Die eine Tafel hat einen schwarzen Rahmen.
- Die andere Tafel hat einen weißen Rahmen.

Festigen Sie das Bild der beiden Tafeln an Ihrem geistigen Entspannungsort durch Imagination so, dass Sie diese jederzeit an dem einmal gewählten Platz »sehen« können.

Auf der einen Tafel mit dem schwarzen Rahmen notieren Sie dann die Situation, die Sie ändern möchten. Sind Sie z. B. eifersüchtig und möchten dies ändern, dann schreiben Sie Ihr derzeitiges Verhalten in allen Einzelheiten auf die schwarze Tafel, etwa so:

- Ich bin sehr misstrauisch.
- Ich lese die Post meiner Frau.
- Ich schaue regelmäßig in ihre Handtasche.
- Immer wenn sie spazieren oder einkaufen war, lasse ich mir genau sagen, wen sie getroffen hat.
- Ich glaube ihr nichts.

Schreiben Sie alle Ihre negativen Verhaltensweisen in Sachen Eifersucht mit Kreide auf die schwarze Tafel, so dass Sie deutlich vor Ihrem geistigen Auge sehen, wie Sie die einzelnen Worte schreiben. Treten Sie danach zurück und lesen Sie noch einmal, was Sie geschrieben haben.

Zerschlagung der schwarzen Tafel

Richten Sie nun Ihre ganze Abneigung und Ihren Zorn auf das, was Sie geschrieben haben, und zertrümmern Sie voller Wut die ganze Tafel.

Ich nehme in solchen Fällen einen schweren Vorschlaghammer, der in meinem geistigen Entspannungsort stets zu diesem Zweck bereitsteht, zerschlage die Tafel in kleine

Stücke und zertrete die letzten Stücke noch im Zorn mit den Füßen.

Das ist ganz wichtig und ausschlaggebend für den Erfolg, dass Sie einen unbändigen Hass auf die Tafel richten, während Sie diese zerstören. Denn durch die Zerstörung der Tafel löschen Sie das entsprechende Verhalten aus Ihrem Unterbewusstsein aus, und je wütender Sie dabei sind, desto gründlicher geschieht es.

Wenn die Tafel restlos zerstört ist, lassen Sie Ihren Zorn allmählich wieder abkühlen, und Sie wenden sich nun der Tafel mit dem weißen Rand zu.

Zukunftsweisung auf der weißen Tafel

Auf der Tafel mit dem weißen Rand beschreiben Sie nun, wie Sie in Zukunft sein wollen, etwa so:

- Ich vertraue meiner Frau.
- Ich frage nicht mehr, wo sie gewesen ist und wen sie getroffen hat.
- Ich werde sie nicht mehr kontrollieren.
- Ich glaube ihr.

Treten Sie nun zurück und lesen Sie mehrmals, was Sie geschrieben haben.

Richten Sie dabei ein starkes Gefühl der Liebe und Zuneigung auf das, was Sie geschrieben haben, und spüren Sie, wie dieses Gefühl immer stärker wird.

Lesen Sie so lange, bis dieses Gefühl ganz stark geworden ist und Sie Ihr neues Verhalten bildhaft vor sich sehen. Prägen Sie sich dann diese Bilder ganz tief ein und stellen Sie sich mit einem starken Gefühl der Freude vor, das Ziel sei schon erreicht. Ihr Unterbewusstsein kann nämlich nicht zwischen Sein und Schein unterscheiden und übernimmt diese Bilder als neues Verhaltensmuster.

Es ist jedoch wichtig, dass Sie dies noch mehrfach wiederholen, da sich die positiven Bilder mit jeder Wiederholung tiefer einprägen. Die schwarze Tafel haben Sie ja mit Ihrem unerwünschten Verhalten zerstört, und Sie stellen sich in Zukunft nur noch die weiße Tafel mit dem gewünschten Verhalten vor. Wenn Sie aber ein anderes Problem mit der *Tafeltechnik* lösen wollen, arbeiten Sie beim ersten Mal wieder mit beiden Tafeln, zerstören Sie dann die schwarze Tafel mit dem negativen Teil und stellen Sie sich in Zukunft wieder nur die weiße Tafel mit dem positiven Teil des Problems bzw. mit der Lösung vor.

Das ungelöste Problem

Nun kann es sein, dass Sie ein Problem haben, aber keine Lösung finden. In diesem Fall begeben Sie sich wie immer an Ihren geistigen Entspannungsort und schreiben Sie das Problem langsam und deutlich in allen Einzelheiten auf die Tafel mit dem schwarzen Rand.

Lesen Sie dann alles langsam mehrfach durch und stellen Sie sich dann vor, dass am nächsten Tag die Lösung Ihres Problems auf der weißen Tafel steht.

Diese Art der Problemlösung wende ich stets abends vor dem Einschlafen an, und ich stelle mir vor, dass ich beim Aufwachen die Lösung auf der Tafel mit dem weißen Rand finde. Sollten mehrere Lösungen möglich sein, erwarte ich mehrere Lösungsvorschläge am nächsten Morgen auf der Tafel mit dem weißen Rand.

Habe ich so mehrere Lösungsvorschläge erhalten und

kann mich nicht für eine entscheiden, drehe ich das Verfahren um; ich notiere abends die Lösungsvorschläge auf der Tafel mit dem schwarzen Rand und stelle mir vor, dass am nächsten Morgen der beste Vorschlag auf der Tafel mit dem weißen Rand steht. Von dieser Art Problemlösung bin ich noch nie enttäuscht worden. Ich kann sicher sein, beim Erwachen vor mir die Tafel mit dem weißen Rand zu sehen – mit der gewünschten Lösung.

Manchmal muss ich allerdings ein Problem zunächst in mehrere Teilprobleme zerlegen, bevor ich eine brauchbare Lösung erhalte.

Sie werden sehen, dass auch Sie auf diese Art alle Ihre persönlichen Probleme lösen können. Bald werden Sie sich nicht mehr vorstellen können, wie Sie bisher ohne diesen Weg auskommen konnten.

Wichtig ist der starke Wunsch

Denken Sie aber bitte immer daran, dass der Erfolg, wie alles im Leben, seinen Preis hat. In diesem Fall genügt es nicht, ein Problem zu haben, sondern Sie müssen auch den starken Wunsch haben, dieses Problem zu lösen.

- Schwache Wünsche bringen schwache Ergebnisse.
- Starke Wünsche bringen auch starke Ergebnisse.

Wenn Sie den starken Wunsch haben, ein Problem zu lösen, werden Sie auch die erforderliche Energie aufbringen, die Techniken regelmäßig anzuwenden, und der Erfolg ist Ihnen sicher. Denken Sie nicht wie der Bauer, der da sprach: »Lieber Gott, schenke mir eine reiche Ernte, dann will ich im nächsten Jahr auch etwas säen.«

Niemand kann auf die Dauer mehr geben, als er nimmt, er

hätte sich bald verausgabt; aber niemand sollte auch mehr nehmen, als er gibt, sonst wird er bald nichts mehr erhalten. Sorgen Sie also stets dafür, dass Ihre Wünsche im rechten Verhältnis dazu stehen, was Sie geben; denn nur so können Sie mit sich selbst in Harmonie sein. Ohne aber in Harmonie mit sich selbst zu sein, können Sie weder wirklich glücklich noch richtig gesund sein.

Deine Gedanken sind dein Schicksal

Schopenhauer hat einmal gesagt: »Deine Gedanken sind dein Schicksal«, und er hat Recht. Wenn Sie stets negative Gedanken hegen, werden diese Gedanken Sie allmählich zerstören.

Denken Sie aber positiv, werden diese Gedanken Sie gesund, reich und glücklich machen. Nutzen Sie die Tatsache, dass wir alle unsere Gedanken nach Belieben lenken können. Lenken Sie Ihre Gedanken stets in die positive Richtung.

Sagen Sie ja zu sich selbst und Ihrem Leben, nehmen Sie Ihr Schicksal in die Hand und formen Sie es nach Ihren Wünschen. Die *Tafeltechnik* wird Ihnen dabei gute Dienste leisten.

Die »21-Tage-Technik«

Wissenschaftler haben festgestellt, dass der Mensch im Durchschnitt etwas neunmal lernen muss, bevor dies in das Langzeitgedächtnis aufgenommen wird, sodass man sich jederzeit daran erinnern kann. Wenn Sie sich mit der *Tafeltechnik* von einem unerwünschten Verhalten befreit haben, soll dies ja nicht nur gründlich »gelöscht« werden, sondern

Sie müssen das neu erworbene Verhalten auch dauerhaft festigen. Das geschieht durch ständige Wiederholung.

Vor dem Einschlafen und nach dem Aufwachen

Bei Anwendung der *21-Tage-Technik* genügen 21 Tage, wenn diese Wiederholungen unmittelbar vor dem Einschlafen und unmittelbar nach dem Aufwachen erfolgen.

Wenn Sie abends zu Bett gehen, verhalten Sie sich so, dass Sie nach Anwendung der Technik gleich einschlafen können. Vergessen Sie auch nicht, vorher das Licht auszumachen.

Warten Sie nun, bis Sie innerlich vollkommen ruhig geworden sind und eine angenehme Müdigkeit spüren. Dann begeben Sie sich mit der Vorstellung der Zahlen sieben bis eins und den entsprechenden Farben an Ihren *geistigen Entspannungsort.*

Schreiben Sie dort Ihr neu erworbenes Verhalten in allen Einzelheiten auf die Tafel mit dem weißen Rand. Treten Sie nun zurück und lesen Sie mehrmals, was Sie geschrieben haben, und richten Sie dabei wieder ein starkes positives Gefühl, wie eine Zuneigung, auf das, was Sie geschrieben haben.

Spüren Sie erneut wieder, wie dieses Gefühl immer stärker wird, und sehen Sie dann Ihr neues Verhalten auch bildhaft vor sich. Prägen Sie sich diese Bilder wieder ganz tief ein und stellen Sie sich dann mit einem starken Gefühl der Freude vor, das Ziel sei schon erreicht.

Nie mehr die schwarze Tafel

Vermeiden Sie auf jeden Fall, sich noch einmal die Tafel mit dem schwarzen Rand vorzustellen, auf der Sie Ihr bisheriges negatives Verhalten »angeprangert« haben. Wichtig ist, dass Sie mit dem Bild Ihres neuen Verhaltens einschlafen. Die *Imagination,* also die bildhafte Vorstellung des gewünschten Verhaltens muss abends Ihr letzter und morgens Ihr erster Gedanke sein. So prägt sich diese Vorstellung Ihrem Unterbewusstsein so tief ein, dass 21 Tage genügen, um ein Verhalten zu ändern, welches Sie sich in vielen Jahren angeeignet haben.

Sie zählen sich also nach Anwendung der *21-Tage-Technik* nicht wieder hoch, sondern bleiben an Ihrem *geistigen Entspannungsort* und schlafen mit dem Bild Ihres neuen Verhaltens vor Augen ein. Morgens wiederholen Sie den ganzen Vorgang sofort nach dem Erwachen, aber nach Anwendung der Technik zählen Sie sich wieder hoch.

Bei Anwendung der *21-Tage-Technik* sollten Sie jedoch stets nur einen Wunsch an Ihr Unterbewusstsein richten: Versuchen Sie also nicht, sich gleichzeitig das Rauchen abzugewöhnen, Kopfschmerzen zu beseitigen und sich von Prüfungsangst befreien zu wollen.

Immer nur ein Ziel

In diesen 21 Tagen soll Ihr Unterbewusstsein stets nur ein Ziel kennen und alle verfügbaren Kräfte darauf konzentrieren, dieses Ziel zu erreichen.

Nach Ablauf der 21 Tage können Sie sich jedoch sofort ein neues Ziel stecken. Ihr Unterbewusstsein braucht keine Pause, es steht Ihnen jederzeit zur Verfügung. Wichtig ist nur, dass Sie keinen Tag aussetzen und dass das jeweilige Ziel wirklich Ihr letzter Gedanke am Abend und Ihr erster Gedanke am Morgen ist; denn bei jeder Unterbrechung müssten Sie mit 21 Tagen wieder von vorn beginnen.

Die »3-Monats-Technik«

In fast allen Fällen werden Sie das gewünschte Ziel mit der *»Tafeltechnik«* und der *»21-Tage-Technik«* erreichen. Sollte das Ergebnis dann aber noch nicht überzeugend sein, empfiehlt sich die Anwendung der *»3-Monats-Technik«*.

21-Tage-Zyklus + 1 Woche Pause

Sie gehen dabei genauso vor wie bei der 21-Tage-Technik, aber nach Ablauf der 21 Tage vergessen Sie Ihr Problem für eine Woche, damit die Anwendung der Technik nicht zur Gewohnheit wird. Versuchen Sie, in dieser Zeit möglichst gar nicht daran zu denken. Das bisher Erreichte soll sich dadurch festigen. Danach beginnt ein neuer 21-Tage-Zyklus, dem wieder eine Pause von einer Woche folgt. Das Ganze wiederholt sich noch einmal im dritten Monat.

Die *3-Monats-Technik* empfiehlt sich immer, wenn Sie sich verjüngen wollen. Aber auch wenn Sie – als Frau – Angst vor der Geburt Ihres Kindes haben, sollten Sie diese Technik in den letzten drei Monaten anwenden. Sehen Sie dabei immer das gewünschte Ziel deutlich vor Augen. Geben Sie damit Ihrem Unterbewusstsein eine Vorstellung von dem, was Sie erreichen wollen.

Bei Anwendung dieser Technik werden Sie auch in den hartnäckigsten Fällen erfolgreich sein – vorausgesetzt, dass Sie selbst an Ihrem Enderfolg nie zweifeln.

Die »Jungbrunnen-Technik«

Es ist ein alter Traum der Menschheit, einen Jungbrunnen zu finden. Sobald man alt und krank ist, braucht man dort nur zu baden und steigt gesund und jung wieder heraus. Doch der Jungbrunnen wird wohl immer ein Traum bleiben.

Verjüngung kraft Geistes

Eine Verjüngung von innen heraus aber, durch geistige Techniken, ist möglich. Sie werden sich bei der Anwendung dieser Technik nicht nur verjüngt fühlen, sondern der kritische Blick in den Spiegel wird Ihnen bestätigen: Sie sehen tatsächlich jünger aus!

Begeben Sie sich mit der Vorstellung der Zahlen sieben bis eins und den entsprechenden Farben an Ihren geistigen Entspannungsort. Bauen Sie sich dort an einer schönen Stelle einen Jungbrunnen auf. Dabei ist die Form völlig gleichgültig. Bei meinem Jungbrunnen fahren weiße Marmorstufen in ein von einer Thermalquelle gespeistes Becken mitten in einem wunderschönen Park.

Stellen Sie sich dann vor, wie auf Ihre Einladung hin alte Leute, einer nach dem anderen, in diesen Jungbrunnen steigen und auf der anderen Seite jung und gesund herauskommen. Schauen Sie dem eine Weile zu und gehen Sie dann auch zu dem Brunnen. Und sehen Sie sich dann ebenfalls jung und gesund herauskommen.

Wiederholen Sie dies mehrmals, bis Sie sich ganz deutlich und in allen Einzelheiten erkennen können.

Die Haltung strafft sich, Falten verschwinden

- ○ Sehen Sie, wie sich Ihre Haltung von Mal zu Mal mehr strafft und Ihre Falten verschwinden.
- ○ Wie Ihr Körper sich kräftigt und Ihre Haut eine gesunde Farbe bekommt.
- ○ Spüren Sie auch das Gefühl von Tatkraft und Energie, das mit jedem Bad stärker wird.

Zwischen dem Baden atmen Sie die wunderbare Luft Ihres geistigen Entspannungsortes ganz tief ein. Sie spüren, wie sich Ihr ganzer Körper an Lebensenergie auflädt. Lassen Sie Ihrer Freude an Ihrem geistigen Entspannungsort freien Lauf. Singen Sie wieder einmal, bis Sie froh und glücklich sind. Wiederholen Sie dies alles drei Monate hindurch. Sie werden erstaunt sein.

So befreie ich mich von jeder Krankheit

Blutkrebs geheilt

In einer amerikanischen Kinderklinik ereignete sich vor einiger Zeit ein Aufsehen erregender Fall. Ein neunjähriger Junge war an unheilbarem Blutkrebs erkrankt, und die Ärzte sahen keine Möglichkeit mehr zu helfen. Die Krankheit kam jedoch ganz plötzlich zum Stillstand. Die Untersuchungsbefunde besserten sich von Tag zu Tag. Nach einigen Wochen ergab die abschließende Untersuchung, dass alle kranken Zellen aus dem Blut verschwunden waren. Der Junge konnte vollständig geheilt entlassen werden. Ein solcher Fall war bisher nicht bekannt geworden. – Was war geschehen?

Der Junge erzählte folgendes: »Kurz vor meiner Krankheit besuchten meine Eltern einen Lehrgang für geistiges Heilen. Weil sie mich nicht allein lassen wollten, haben sie mich mitgenommen. Als ich nun krank geworden war und alle so besorgt waren, aber mir keiner helfen konnte, habe ich mich an den Lehrgang erinnert und mir vorgestellt, die kranken Blutzellen seien Indianer und meine Gedanken seien Trapper. Ich habe mir ganz viele Trapper ›gedacht‹, die mit den Indianern kämpften und sie besiegten. Immer wieder habe ich die Trapper und die Indianer in meiner Vorstellung miteinander kämpfen lassen, und immer haben die Trapper gewonnen. Ich habe diese Kämpfe mit Begeisterung verfolgt. Und mir ging es von Tag zu Tag besser, bis ich ganz gesund war.«

Er heilte sich selbst

Nach Ansicht der Ärzte ist seine Heilung ein »Wunder«, das heißt eine jener Spontanheilungen, die im Verhältnis 40.000 : 1 möglich zu sein scheinen. Ich meine aber, dass die Heilung tatsächlich nur die wunderbare Wirkung seiner positiven Gedanken ist. Er hatte ja im Lehrgang erfahren, welche Kraft Gedanken haben und welche Techniken man anwenden muss, um sich zu heilen. Ohne je am Erfolg zu zweifeln, hatte er diese angewandt. Da er sich seine Krankheit nicht richtig vorstellen konnte, hatte er ihr die Gestalt von bösen Indianern gegeben, die die friedlichen Trapper überfielen. Das Unterbewusstsein hatte die Situation des Organismus und vor allem des Blutes verstanden und entsprechend reagiert.

Die Wirkung positiver Gedanken

Was das Unterbewusstsein im Einzelnen getan hat, weiß niemand mit Sicherheit zu

Das Unterbewusstsein agiert autonom

sagen; doch das Ergebnis war, dass eine »unheilbare« Krankheit überwunden wurde.

Wir ersehen daraus, dass es gar nicht wichtig ist, ob das Bild, das wir uns von der Krankheit machen, auch richtig ist, solange das Unterbewusstsein unmissverständlich weiß, was wir meinen.

Es ist auch nicht erforderlich, dass wir dem Unterbewusstsein sagen können, was es zur Heilung im Organismus bewirken soll. Es genügt, dass wir eine klare Vorstellung der gewünschten Wirkung haben und uns diese bildhaft vorstellen. Wenn wir uns dieses Bild von dem gewünschten Ergebnis immer wieder einprägen, wird das Unterbewusstsein alles Erforderliche tun, um dieses Bild zu verwirklichen.

Dabei ist es völlig ausgeschlossen, dass eine positive Imagination irgendwelche schädlichen Nebenwirkungen haben könnte, wie dies bei praktisch jedem wirksamen Medikament der Fall ist. Es kommt nur auf die richtige Geisteshaltung an. Negative Gedanken können ein sonst sicher wirkendes Medikament wirkungslos machen. Positive Gedanken können sogar ein ungeeignetes Medikament zur beabsichtigten guten Wirkung bringen.

Kaiserschnitt ohne Narkose

So berichtete ein Narkosearzt von einer Patientin, bei der ein Kaiserschnitt vorgenommen werden sollte: »Die Patientin lag auf dem Operationstisch. Ich ließ sie durch die Atemmaske normale Luft einatmen, damit sie später bei der Narkose keine Angst habe. Die Frau atmete ruhig und tief, während ich darauf wartete, dass der Chirurg sich für die Operation fertig machte. Ich beobachtete die Frau einige Zeit. Schließlich blickte ich auf, um den Chirurgen zu fragen, ob er bereit sei. Da sah ich, dass der Chirurg bereits das Baby hochhielt und die Operation so gut wie beendet war.« Während der Narkosearzt die Frau Luft atmen ließ, hatte der Chirurg angenommen, die Narkose sei bereits eingeleitet, und mit der Operation begonnen. Die Patientin befand sich in einem tiefen Schlafzustand. Die Operation konnte ohne Narkose beendet werden. Ihr Unterbewusstsein hatte angenommen, sie erhalte bereits das Narkosemittel, und hatte sich entsprechend verhalten. Die Frau hatte nicht den geringsten Schmerz gespürt.

Wenn Sie Ihrem Unterbewusstsein einen Auftrag geben, dann ist es wichtig, dass Sie die Wirkung ganz sicher erwarten.

Wie schon Jesus es sagte

Denken Sie daran, dass selbst Jesus nicht helfen konnte, wenn ihm kein Glaube entgegengebracht wurde. Er hat auch nie gesagt: »Ich habe die Macht, dir zu helfen!«, oder »Ich werde dir helfen!«, sondern er sagte stets: »Dein Glaube wird dir helfen!«

Der Glaube an die sicher eintretende Wirkung

So kann auch Ihnen nur Ihr Glaube an die sicher eintretende Wirkung helfen. Wie sollte Ihr Unterbewusstsein Ihnen glauben, wenn Sie selbst noch Zweifel haben?

Jenseits von jedem Zweifel

Ihre geistigen Kräfte, unterstützt von Ihren Gefühlen, müssen sich voll auf das Ziel, auf das erwünschte Ergebnis richten und dieses Bild dem Unterbewusstsein immer wieder einprägen. Jeder Zweifel, mag er noch so gering sein, mindert das Ergebnis oder macht es unmöglich.

Wenn Sie beim Autofahren gleichzeitig Gas geben und bremsen, dann heben sich die beiden entgegengesetzten

Wirkungen auf; der Wagen bleibt stehen oder schleicht weiter. Genauso ist es aber, wenn Sie auf der einen Seite kraft Geistes ein Ergebnis erzielen wollen, auf der anderen Seite dieses Ergebnis durch Zweifel verunmöglichen.

Von ganzem »Herzen«

Denken Sie auch immer daran: Starke Wünsche bringen starke Ergebnisse, schwache Wünsche bringen schwache Ergebnisse. Wenn Sie also etwas erreichen möchten, dann müssen Sie es mit ganzem Herzen und mit der ganzen Kraft Ihrer Gefühle wollen.

Wenn das erwünschte Ergebnis in Ihnen nicht schon von selbst ein starkes, leidenschaftliches Verlangen auslöst, denken Sie an etwas anderes, das dieses Gefühl in Ihnen aufkommen lässt. Richten Sie dann dieses Gefühl, wenn es ganz stark geworden ist, auf Ihr Ziel. Denken Sie niemals: »Hoffentlich erreiche ich dies!«, oder »Hoffentlich wird dies geschehen!«, sondern sehen Sie stets nur das Bild des erwünschten Zustandes vor sich, und begleiten Sie dieses Bild mit einem Gefühl des Dankes.

Brot für das Waisenhaus

Als der Waisenhausvater Georg Müller eines Tages für seine Kinder nichts zu essen hatte, hieß er sie, sich an den Tisch zu setzen, zu beten und Gott für das Essen zu danken. In dieser Minute fuhr ein Wagen Brot vor – eine Spende eines Bäckermeisters, der das Brot schickte, weil seine Frau ihn dazu veranlasst hatte.

Wie unzählige Male zuvor hatte dem Waisenhausvater sein Glaube in letzter Minute geholfen.

Dies sind keine frommen Geschichten, sondern Tatsachen.

Denken Sie auch nicht: »Nun gut, diesem gläubigen Mann

ist geholfen worden. Aber ob das auch in meinem Fall wirkt?« Mit diesem »Aber« schließen Sie sich selbst schon von der erwünschten Wirkung aus. Denn zuerst müssen Sie an sich selbst glauben, an die wunderbaren Kräfte Ihres Unterbewusstseins, bevor diese wirken können.

Logik aus dem Spiel lassen

Wenn Sie an die Möglichkeit der Hilfe durch diese Kräfte nur ein bisschen glauben, werden diese auch nur ein bisschen helfen können.

Lassen Sie vor allem Ihre sonst so geschätzte Logik aus dem Spiel. Sobald Sie anfangen zu denken: »Es wäre ja schön; aber wie kann denn das sein?«, wird nichts mehr sein. Sie werden sich zwar in Ihrer Logik bestätigt fühlen, Sie schließen sich aber damit vom Erfolg selbst aus. Gehen Sie also voll Zuversicht ans Werk, und setzen Sie sich nicht selbst Grenzen; denn Ihr Unterbewusstsein ist jederzeit bereit, Ihnen zu helfen.

Die drei Schritte

- Der erste Schritt ist stets der Weg zu Ihrem geistigen Entspannungsort. Vergessen Sie für eine Weile Ihre Sorgen, entspannen Sie sich geistig und körperlich, und wenden Sie die Technik sieben bis eins mit den entsprechenden Farben an. Dieser Weg sollte Ihnen inzwischen so vertraut sein, dass Sie nur noch eine Minute brauchen, um zu Ihrem geistigen Entspannungsort zu gelangen. Lassen Sie sich etwas Zeit, schauen Sie sich ein wenig um, bis Sie eins sind mit der friedlichen Harmonie, die dort herrscht.
- Der zweite Schritt ist immer die Anwendung der Technik, für die Sie sich vorher entschieden haben. Das wird in den

meisten Fällen die *Tafeltechnik* sein. Sie begeben sich also zu der Stelle in Ihrem geistigen Entspannungsort, wo die beiden Tafeln stehen, und schreiben auf der Tafel mit dem schwarzen Rand das Problem in allen Einzelheiten auf. Wenn Ihnen die Lösung bekannt ist, schreiben Sie diese auf die Tafel mit dem weißen Rand. Ist Ihnen jedoch die Lösung des Problems nicht bekannt, so stellen Sie sich bildhaft vor, wie die Lösung Ihres Problems am nächsten Morgen auf der Tafel steht. Vergessen Sie bis dahin Ihr Problem.

Sobald Sie die Lösung haben, geben Sie Ihrem Unterbewusstsein ein klares Bild von dem erwünschten Ergebnis, begleiten Sie dieses Bild mit starken positiven Gedanken und prägen sich dieses Bild ganz tief ein. Wenn Sie von Ihrem Unterbewusstsein Heilung von einer Krankheit erwarten, dann sehen Sie sich gesund und glücklich, und Sie lassen dieses Bild einige Zeit auf sich wirken.

○ Wenden Sie nun, als dritten Schritt, die *21-Tage-Technik* an. Lassen Sie dabei nie mehr das Bild Ihrer Krankheit vor Ihrem geistigen Auge erscheinen, sondern sehen Sie nur noch das positive Bild des erwünschten Zieles vor sich.

Nutzen Sie während dieser 21 Tage die heilungsfördernde Wirkung der gezielten rhythmischen Vollatmung. Leben Sie in der Gewissheit, dass Ihnen Ihr Unterbewusstsein sicher helfen wird. Damit haben Sie Ihren Teil zur Heilung beigetragen. Den Rest können Sie getrost den wunderbaren Kräften Ihres Unterbewusstseins überlassen.

So sicher, wie aus einem Samenkorn eine Pflanze entsteht, so sicher entsteht aus Ihrem positiven Gedankenbild die Heilung von Ihrer Krankheit.

Das Heilatmen

Wer den längsten Atem hat – siegt!

Der Mensch kann einige Wochen ohne Nahrung leben, er kann zwei Tage ohne Trinken ausharren, aber nur wenige Minuten, ohne zu atmen.

Schon aus dieser Tatsache sehen wir, wie wichtig das Atmen für unser Leben ist. Ebenso sicher ist, dass ständiges Fehlatmen zu Störungen und später zu Krankheiten führen muss. Dieses Wissen ist nicht neu: schon die ältesten chinesischen und indischen Gesundheitslehren berichten hierüber und schreiben genaue Atemübungen vor, die auch nach neuesten Erkenntnissen erstaunlich wirksam sind. Ganz allmählich setzt sich auch in der westlichen Welt die Erkenntnis durch, dass richtiges Atmen eine Kunst ist. Ob und wieweit wir diese Kunst beherrschen, entscheidet nicht nur über unsere Leistungsfähigkeit und Gesundheit, sondern auch in einem hohen Maß über unsere geistige Entwicklung.

In Indien übt man das bewusste, ruhige Atmen, um die wertvollsten Eigenschaften des Gehirns und Klarheit des Denkens zu erzielen – und um damit den Kräftestrom des Lebens zu lenken.

Beweis »auf Fingerspitzen«

Welche ungeahnten Kräfte man mit richtigem Atmen wecken kann, ersehen Sie aus folgendem Experiment:

Eine Versuchsperson streckt sich auf einer Liege aus, die von beiden Seiten zugänglich ist. Je zwei andere Personen stellen sich auf jede Seite, sodass an jeder Schulter und an jedem Knie der Versuchsperson jemand steht. Nun setzen die vier seitwärts stehenden Personen den Zeigefinger unter der liegenden Person an, und alle fünf atmen gleichmäßig und rhythmisch dreimal ein und aus und heben beim vierten Einatmen gleichzeitig die liegende Person an. Wenn alle zur gleichen Zeit geatmet haben, wird die Versuchsperson mit erstaunlicher Leichtigkeit mit den Fingerspitzen in die Höhe gehoben.

Der gleiche Versuch kann auch gemacht werden, wenn die Versuchsperson auf einem Stuhl sitzt. Beim vierten gleichzeitigen Einatmen heben die vier den Sitzenden mitsamt dem Stuhl leicht hoch.

Wie man richtig atmet

Richtiges Atmen befähigt uns zu unglaublichen Leistungen. Wie aber atmet man richtig?

1. Atmen Sie immer durch die Nase ein und aus. Nur bei körperlicher Anstrengung reicht die durch die Nase eingeatmete Luft nicht aus. Sie atmen dann durch den Mund. Der Übergang von der Nasenatmung zur Mundatmung erfolgt aber automatisch. Sie gehen von selbst wieder zur Nasenatmung über, sobald sich Ihr Atemrhythmus normalisiert hat.

   Ständiges Atmen durch den Mund trocknet die Schleimhäute aus und macht Sie anfällig für Erkältungen und Infektionen.

2. Atmen Sie weniger, aber tiefer. Ganz langsam und gleichmäßig einatmen, einige Sekunden nicht atmen, dann ge-

nauso langsam und gleichmäßig wieder ausatmen und nach dem Ausatmen ebenfalls einige Sekunden warten bis zum nächsten Atemzug. Dabei aber nie die Luft anhalten, sondern beim Einatmen einfach ohne Anstrengung weiter einatmen, obwohl die Lungen voll sind; beim Ausatmen weiter ausatmen, obwohl die Lungen leer sind (oder leer scheinen).

3. Atmen Sie so, dass sich nur Ihr Bauch bewegt, beim Einatmen wie auch beim Ausatmen. Trinken Sie die Luft und spüren Sie, wie sich Ihr Bauch damit füllt. Die »Tiefatmung« mit der Brust ist nicht nur wertlos, sondern kann ausgesprochen schädlich sein. Beim Atmen dürfen Sie keine Anstrengung spüren, der Vorgang soll leicht und fließend sein. Weder beim Einatmen noch beim Ausatmen dürfen Sie pressen.
4. Üben Sie mehrmals täglich richtiges Atmen für zehn Minuten. Dazwischen können Sie dann Ihre Atmung vergessen. Stellen Sie sich vor, »es atmet mich«. Überlassen Sie dann das Atmen Ihrer Automatik.

Atmen Sie Gesundheit ein

Stellen Sie sich vor, dass Sie mit jedem Atemzug Gesundheit einatmen und alles, was Sie krank macht, ausatmen. Spüren Sie deutlich, wie sich Ihr Körper mit jedem Atemzug mehr mit Gesundheit füllt und von allen krank machenden Stoffen reinigt, bis Ihr ganzer Körper mit Gesundheit gefüllt ist. Es spielt dabei keine Rolle, wie Sie sich »Gesundheit« bildlich vorstellen, wichtig ist nur, dass Sie sich völlig gesund sehen. Entweder nehmen Sie ein Bild aus einer Zeit, in der Sie gesund und glücklich waren, betrachten dies lange, bis Sie es auch mit geschlossenen Augen deutlich sehen können; oder Sie sehen sich vor Ihrem geistigen Auge im Urlaub, beim Sport oder bei einer anderen Ihre Vitalität anregenden Tätigkeit.

Halten Sie dieses Bild so lange vor Ihrem geistigen Auge fest, bis Sie wieder dieses Gefühl von Gesundheit und Kraft spüren, das Sie in dieser Situation hatten. Atmen Sie dabei richtig. Spüren Sie ganz deutlich, wie sich Ihre Gesundheit mit jedem Atemzug festigt.

Das richtige Einatmen

Atmen Sie immer ruhig und gleichmäßig ein. Das Einatmen und das Ausatmen sollen immer gleich lang sein.

Atmen Sie immer locker und entspannt. Bewegen Sie den Kopf beim Einatmen leicht nach rückwärts. Atmen Sie vor allem bewusst ein. Füllen Sie nicht nur Ihre Lungen, sondern den ganzen Körper mit der belebenden Kraft des Atems. Spüren Sie mit jedem Atemzug zunehmende Gesundheit, Kraft und Frische.

Das richtige Atemanhalten

Halten Sie den Atem stets leicht und locker an. Atmen Sie einfach ohne Anstrengung weiter, sobald Sie tief eingeatmet haben und Ihre Lungen gefüllt sind. Das Atemanhalten darf nie durch Drücken oder Pressen geschehen.

Halten Sie den Atem stets nur die Hälfte der Zeit an, die Sie zum Ein- oder Ausatmen benötigen. Wenn Sie also acht Pulsschläge ein- und acht Pulsschläge ausatmen, dann halten Sie die Luft nur vier Pulsschläge lang an.

Halten Sie bewusst den Atem an und spüren Sie dabei, wie sich die gesundheitsfördernde Wirkung des Atmens beim

Anhalten in Ihrem ganzen Körper ausbreitet, wie Sie dabei ruhig und ausgeglichen werden.

Das richtige Ausatmen

Das richtige Ausatmen ist besonders wichtig; denn nur wer gründlich ausgeatmet hat, kann tief einatmen und seine Lungen mit frischer Luft füllen. Achten Sie darauf, dass das Ausatmen genauso lang dauert wie das Einatmen.

Atmen Sie nicht stoßweise aus, sondern wie beim Einatmen, ruhig und gleichmäßig. Wenn Sie sich nicht gerade angestrengt haben, soll man weder beim Ein- noch beim Ausatmen ein Atemgeräusch hören, ausgenommen beim Ausatmen auf einen Buchstaben.

Das Ausatmen auf einen Buchstaben

Wir unterscheiden hierbei das stimmlose und das stimmhafte Ausatmen (Summatmen). Das stimmlose Ausatmen hat eine beruhigende Wirkung, während das stimmhafte Ausatmen eine aktivierende Wirkung hat.

Durch Ausatmen auf bestimmte Buchstaben kann diese Wirkung noch variiert werden, da jeder Buchstabe einen anderen Wirkungsbereich hat. Nachstehend die wichtigsten Buchstaben:

A – Das Ausatmen auf den Buchstaben A entspannt und beruhigt den Körper. Gleichzeitig wird der gesamte Bauchraum durch eine wohl tuende Vibrationsmassage aktiviert.

E – Das Ausatmen auf den Buchstaben E massiert den Hals und die Schilddrüse. Es hilft bei Heiserkeit und macht unempfindlich gegen alle Erkältungskrankheiten.

H – Das Ausatmen auf den Buchstaben H beseitigt Aufregung und hilft durch direkte Beeinflussung der Lunge bei Fehlatmung.

I – Das Ausatmen auf den Buchstaben I verstärkt die Durchblutung des Kopfes und erleichtert die Konzentrationsfähigkeit.

O – Das Ausatmen auf den Buchstaben O reinigt und kräftigt die Lunge und erhöht die Sauerstoffaufnahme. Zu empfehlen bei allen Erkrankungen der Lunge.

U – Das Ausatmen auf den Buchstaben U wirkt unmittelbar auf den Magen und erhöht den Blutdruck.

Die Wirkung des Ausatmens auf einen Buchstaben kann im Einzelfall sehr stark sein. Beginnen Sie daher vorsichtig mit Ihren Übungen und steigern Sie Dauer und Intensität der einzelnen Übungen nur langsam.

Sehr wichtig ist in diesem Zusammenhang das *rhythmische Atmen.*

Die richtige Vollatmung reinigt und stärkt den gesamten Organismus und erfrischt den Geist. Diese wohl tuende Wirkung wird durch die rhythmische Vollatmung auf das Drei- bis Vierfache verstärkt.

Vollatmung im Einklang mit dem Herzschlag

Die volle Wirkung wird allerdings nur erreicht, wenn wir den Atemrhythmus mit unserem Körperrhythmus in Einklang bringen, indem wir uns nach unserem Herzschlag richten. Anfangs können Sie dies kontrollieren, indem Sie beim Atmen den Puls fühlen; doch wenn Sie locker atmen, spüren Sie Ihren Herzschlag auch ohne diese Hilfe im ganzen Körper, vor allem im Bauch.

Atmen Sie zunächst aus und dann sechs Herzschläge lang ein. Dann drei Herzschläge lang die Luft anhalten, indem Sie ohne Anstrengung weiter versuchen einzuatmen, dann sechs Herzschläge lang gleichmäßig ausatmen und wieder drei Herzschläge Pause machen, bevor Sie von neuem einatmen.

Der individuelle Rhythmus

Schon nach kurzer Zeit werden Sie den Rhythmus auf 8–4–8–4 ausdehnen können, also acht Herzschläge einatmen, vier Herzschläge Pause, dann acht Herzschläge ausatmen und wieder vier Herzschläge Pause.

Für die meisten Menschen ist dieser Rhythmus der beste. Falls Sie jedoch sportlich trainiert sind, wird Ihnen wahrscheinlich der Rhythmus 10–5–10–5 oder sogar 12–6–12–6 besser liegen. Finden Sie selbst Ihren eigenen Rhythmus heraus und üben Sie diesen mehrmals täglich etwa zehn Minuten lang, möglichst am offenen Fenster. Sie werden schon nach einigen Minuten einen angenehm kühlen Kopf bekommen und sich wunderbar erfrischt fühlen. Außerdem werden Sie fast immun gegen Erkältungskrankheiten.

Bei kurzfristiger körperlicher Anstrengung wenden Sie zusätzlich noch das Schnellatmen an. Zunächst ganz normal Ihren Rhythmus atmen, also etwa 8–4–8–4, aber unmittelbar vor dem körperlichen Einsatz atmen Sie drei- bis sechsmal ganz schnell ein und aus, etwa in dem gleichen Tempo, wie Sie deutlich »ein, aus, ein, aus« sagen können. Zuletzt einatmen, und schon sind Sie in körperlicher Hochform. Sie erreichen damit sofort eine bis zu zwanzig Prozent höhere Leistung.

Das Organatmen

Nachdem Sie nun die rhythmische Vollatmung beherrschen, sollten Sie noch lernen, die gesundheitsfördernde Wirkung auf einzelne Körperzonen oder Organe zu lenken. Das erscheint im ersten Augenblick vielleicht unmöglich. Die indischen Yogis beherrschen diese Kunst schon seit Tausenden Jahren. Sie erreichen dies durch Imagination. Auch wir nutzen die wunderbare Kraft der Imagination, um unseren Atem nach Belieben zu lenken.

Rhythmus und Imagination

Nehmen wir einmal an, Sie haben Schmerzen am Knie. Sie haben dann nicht nur die Möglichkeit, die Schmerzen in wenigen Minuten zu beseitigen, sondern Sie können auch die Heilung wesentlich beschleunigen. Um dies zu erreichen, begeben Sie sich zunächst an Ihren geistigen Entspannungsort. Atmen Sie ruhig und gleichmäßig und stellen Sie sich vor, wie mit jedem Atemzug Gesundheit und Frische in Ihr Knie strömt. Beim Ausatmen stellen Sie sich vor, wie Sie Schmerzen und alles, was Sie krank macht, mit ausatmen. Die Schmerzen sind meist schon nach drei bis vier Atemzügen verschwunden, aber Sie sollten die Übung trotzdem etwa zehn Minuten durchführen, bis Sie Ihr Knie vor Ihrem geistigen Auge schmerzfrei und gesund sehen können.

Bei hartnäckigen Schmerzen, die oft nach etwa einer halben Stunde wieder kommen, sollten Sie unbedingt einen Arzt aufsuchen. Denn Sie dürfen nicht vergessen, dass Schmerzen ein Alarmsignal sind, mit dem uns der Körper auf eine Störung aufmerksam machen will. Mitunter kann eine Krankheit schon so weit fortgeschritten sein, dass wir sie nicht mehr einfach »wegatmen« können.

Es unterstützt jedoch die ärztlichen Bemühungen um die Heilung Ihres Körpers sehr, wenn Sie diese Übungen während der Behandlung weitermachen.

Besonders Frauen wird es interessieren, dass sie mit dieser Technik auch ihr Aussehen wesentlich verbessern können. Es ist möglich, Falten bis zu einem gewissen Grad »wegzuatmen« und dadurch bedeutend jünger auszusehen (wodurch man sich wiederum viel jünger fühlt).

Wenn Sie zu blass aussehen, können Sie eine frische Röte in Ihr Gesicht zaubern. Doch auch das Gegenteil, das verräterische Erröten, lässt sich leicht beheben: falls Sie bei jedem geringen Anlass erröten, können Sie auch dies durch gezielte rhythmische Vollatmung beseitigen.

Die Punktwirkung

Wichtig ist, dass Sie diese Technik so lange üben, bis Sie Ihren Atem auf jeden beliebigen Punkt lenken können (Punktwirkung). Sie spüren an diesem Punkt zunächst eine Wärmewirkung, da das Blut verstärkt dorthin strömt, aber nach einigen Minuten dann eine angenehme Kühle. Sobald Sie das erreicht haben, wissen Sie, dass Sie die Technik beherrschen.

Schmerzbeseitigend und heilungsfördernd

Wundern Sie sich nicht, wenn Sie diese Atemtechnik zur Schmerzbeseitigung anwenden und der Schmerz zunächst stärker wird. Das ist eine normale Reaktion, da Sie bei Anwendung der Technik ja Ihre Aufmerksamkeit auf die schmerzende Stelle richten und dadurch den Schmerz im Augenblick stärker wahrnehmen. Nach wenigen Atemzügen wird der Schmerz ausklingen.

Die heilungsfördernde Wirkung der gezielten rhythmischen Vollatmung sehen Sie besonders deutlich, wenn Sie sich zum Beispiel in den Finger geschnitten haben und dann diese Technik anwenden. Die Fingerspitzen sind sehr schmerzempfindlich; trotzdem vergeht der Schmerz nach wenigen Atemzügen. Aber wenn Sie die kleine Wunde nun weiter beobachten, sehen Sie, wie nach einigen weiteren Atemzügen die Blutung aufhört. In wenigen Minuten beginnt sich die Wunde zu schließen. Nützen Sie dann die heilungsfördernde Wirkung der gezielten rhythmischen Vollatmung bei jeder Krankheit und ganz besonders nach einer Operation.

Hochleistungen begünstigend

Auch bei erhöhter körperlicher oder geistiger Beanspruchung können Sie durch Anwendung dieser Technik Ihre Leistung wesentlich erhöhen. Beatmen Sie in Ihrem geistigen Entspannungsort jeweils die Körperteile, die besonders beansprucht werden. Wollen Sie etwas Schweres tragen, beatmen Sie vorher Ihre Arme. Wollen Sie einen Waldlauf machen oder im sportlichen Wettkampf besonders schnell laufen, beatmen Sie vorher Ihre Beine. Dadurch steigt auch Ihre Ausdauer automatisch mit an.

Gegen Schnupfen

Mitunter kann Sie ein alltäglicher Schnupfen stören, wenn Sie ausgerechnet dann z. B. zu einer Prüfung gehen müssen oder aus einem anderen Grund in geistiger Höchstform sein wollen. Auch dieses Problem lösen Sie mit der gezielten rhythmischen Vollatmung schnell und sicher in wenigen Minuten, wenn Sie gleich bei den ersten

Anzeichen reagieren. Aber auch ein hartnäckiger Schnupfen lässt sich in längstens einem Tag völlig beseitigen. Hier mein persönliches Rezept bei hartnäckigem Schnupfen:

- Pressen Sie den Saft einer halben Zitrone und einer ganzen Orange aus. Geben Sie ein Gramm reine Ascorbinsäure (Vitamin C) hinzu. Füllen Sie dies mit etwas Flüssigkeit auf (Obstsaft oder Wasser), bis das Ganze ein Glas füllt.
- Begeben Sie sich an Ihren geistigen Entspannungsort und beatmen Sie dort Ihren Kopf mit der gezielten rhythmischen Vollatmung einige Minuten lang. Zählen Sie sich dann wieder hoch und trinken Sie nun das Glas in kleinen Schlucken leer. Wenn Sie dies dreimal am Tag praktizieren, ist auch der hartnäckigste Schnupfen am nächsten Morgen verschwunden.
- Entgegen dem üblichen Rat sollten Sie jedoch bei Schnupfen möglichst viel trinken. In dieser Zeit hat der Organismus besonders viele Giftstoffe zu lösen und zu transportieren. Dazu braucht er Flüssigkeit. Ganz falsch, ja gesundheitsschädlich ist es, den Schnupfen »austrocknen« zu wollen.

Ich trinke in solchen Fällen mehrmals am Tag ein Glas destilliertes Wasser. Da es völlig ungesättigt ist, löst es die Schlacken und Giftstoffe im Körper am besten. Vergessen Sie jedoch nicht, nachdem der Schnupfen weg ist, Ihren Mineralhaushalt wieder in Ordnung zu bringen, weil der Körper ja nicht nur Giftstoffe und Schlacken ausscheidet, sondern auch lebenswichtige Minerale. Sie erhalten derartige Präparate in jedem Reformhaus – ich nehme in einem solchen Fall regelmäßig *»Basica«*.

Gegen Schwindelgefühle Die Wirkung der gezielten rhythmischen Vollatmung grenzt manchmal ans Wunderbare. Wenn Ihnen leicht schwindlig wird, können Sie folgenden Versuch machen: Nehmen Sie eine hohe Leiter; steigen Sie nach jedem Atemzug eine Sprosse höher. Sie können den Versuch fortsetzen, bis Sie auf der obersten Sprosse stehen. Sie werden mit Verwunderung feststellen, dass Ihnen nicht schwindlig wurde. Auch den stärksten Durst und Hunger können Sie wegatmen. Bei richtiger Beherrschung und Anwendung der Technik rhythmischer Vollatmung ist Ihnen der Erfolg in jedem Fall sicher.

Frei von Kopfschmerzen und Migräne

Ich kenne einen glücklichen Menschen, der noch nie in seinem Leben Kopfschmerzen hatte. Von Kind an war er es gewohnt, jeden Abend die Ereignisse des Tages noch einmal vor seinem geistigen Auge vorbeiziehen zu lassen und abzuwägen, was er falsch und was er richtig gemacht hatte. So lebte er stets mit sich in Harmonie und »machte« sich keine unnötigen Kopfschmerzen. Ich selbst bin dieser glückliche Mensch und kann Ihnen nur raten, Sie möchten es wie ich machen. »Machen« auch Sie sich keine unnötigen Kopfschmerzen.

Ein Symptom der Angst Weshalb macht man sich denn Kopfschmerzen? Manchmal aus Geldsorgen, aus Ärger, aus unglücklicher Liebe, bisweilen aus übertriebenem Ehrgeiz, wegen einer Krankheit. Die meisten Kopfschmerzen aber machen wir uns aus Furcht. Aus Angst vor einer Aufgabe, der wir uns nicht gewachsen fühlen, aus Angst zu versagen. Aus Furcht vor den unbekannten Dingen, die auf uns zukommen, oder einfach aus Angst, den Anforderungen des Lebens nicht gewachsen zu sein. Die Angst nagt an unseren Kräften, bis wir dann wirklich versagen und wie gelähmt den Ereignissen tatenlos entgegensehen.

William James hat einmal gesagt: »Töte deine Angst, bevor sie dich tötet.« Sobald Sie Ihre Angst besiegt haben, sind voraussichtlich auch Ihre Kopfschmerzen verschwunden. Aber wie besiegt man seine Angst? Indem man sein Selbstvertrauen stärkt.

Die Ursache ermitteln

Fragen Sie sich, was schlimmstenfalls passieren kann, und Sie werden finden, dass die Gefahr nicht so schwer wiegend ist wie die ständige Angst davor.

Stellen Sie fest, dass Sie mit der schwierigsten Situation fertig werden könnten. Denken Sie daran, dass es selten so schlimm kommt, wie es zunächst aussieht. Wenn Sie aber die komplizierteste Situation meistern könnten, dann brauchen Sie auch keine Angst vor ihr zu haben. Die Welt ist voller Probleme, aber sie ist auch voller Lösungen.

Prüfen Sie also zunächst, warum Sie Kopfschmerzen haben. Wenn Sie dabei nicht weiterkommen, wenden Sie die *Tafeltechnik* an. Schreiben Sie diese Frage auf die Tafel mit dem schwarzen Rand und überlassen Sie es Ihrem Unterbewusstsein, die Ursache herauszufinden. Erwarten Sie die Lösung am nächsten Morgen auf der Tafel mit dem weißen Rand.

Mitunter wird Sie die Antwort überraschen; denn manchmal »bestraft« Sie das Unterbewusstsein mit Kopfschmerzen, weil Sie sich nach der »Meinung« des Unterbewusstseins falsch verhalten haben.

Ein Fall der Selbstbestrafung

Die Ursache kann bis in die Kindheit zurückgehen. Ich hatte eine Patientin, die jedes Mal beim Lesen unerträgliche Kopfschmerzen bekam, sodass sie gezwungen war, sich vorlesen zu lassen. Da sie selbst die Technik des geistigen Heilens nicht beherrschte, habe ich sie in der Hypnose bis zur Kindheit zurückgeführt, um die Ursache zu finden.

Es stellte sich heraus, dass sie im Alter von zwölf Jahren einmal im »Doktorbuch« ihres Vaters gelesen hatte. Als ihr Vater zufällig herbeikam, hatte er sie übers Knie gelegt und ihr »ein für alle Mal« verboten, in den Büchern der Erwachsenen zu lesen. Diese Information hatte sich tief in ihr Unterbewusstsein eingeprägt. So hatte sie ihr Unterbewusstsein jedes Mal mit Kopfschmerzen bestraft, wenn sie dieses Verbot ignorierte. Nachdem sie nun die Zusammenhänge erkannte, verschwanden die Kopfschmerzen ohne jede Behandlung ganz von selbst und sind seither nie mehr aufgetreten.

Sobald die Ursache gefunden ist, verschwinden Kopfschmerzen erstaunlich oft ganz von selbst, sodass Sie dieser Frage nach der Ursache mit größter Sorgfalt nachgehen sollten. Wenn Sie sich von Kopfschmerzen befreien wollen, sei dies stets Ihr erster Schritt.

Mit sich und der Umwelt in Harmonie

Doch auch wenn die Ursache nicht zu finden ist, werden Sie mit der wiederholten, gezielten rhythmischen Vollatmung schnell und sicher Erfolg haben. Dasselbe gilt für Migräne; nur sollten Sie dabei nicht versuchen, während der Migräne diese Techniken anzuwenden. Außerdem können Sie hier in jedem Fall die *21-Tage-Technik* anwenden. Wenn es Ihnen schwer fällt, sich selbst ohne Kopfschmerzen und Migräne vorzustellen, dann benützen Sie die *positive Bildtechnik.*

Nehmen Sie ein Bild von sich zur Hand, das aus einer glücklichen und unbeschwerten, d. h. beschwerdefreien Zeit stammt, und sehen Sie sich dieses Bild während jeder Atemübung an.

Stellen Sie sich vor, dass Sie mit jedem Atemzug mehr und mehr wieder so werden, wie Sie sich auf dem Bild vor sich sehen.

Die Atemtechnik sollte mindestens dreimal täglich angewandt werden. Wenn Sie bei der Befreiung von Migräne die *gezielte rhythmische* Vollatmung in Verbindung mit der *21-Tage-Technik* anwenden, dann heißt dies, dass Sie 21 Tage lang täglich mindestens dreimal diese Atemübungen machen und sich dabei das positive Bild aus unbeschwerter Zeit ansehen. Denken Sie immer daran, dass man sich seine Kopfschmerzen und seine Migräne zulegt, dass man sie daher auch wieder ablegen kann. Das sicherste Mittel aber, um Kopfschmerzen und Migräne gar nicht erst zu bekommen, ist, ständig mit sich und möglichst auch mit seiner Umwelt in Harmonie zu leben.

Wenn Sie das ernsthaft wollen, werden Sie sehen, dass es leichter ist, als Sie dachten.

Selbst wenn Sie bei einem Streit oder einem Missverständnis im Recht sind, können Sie dem anderen zuerst die Hand hinhalten. Auch wenn Sie beleidigt worden sind, können Sie zuerst einlenken. Werten Sie dies nicht als Zeichen von

Schwäche; denn zur Toleranz gehört sehr viel mehr Seelenstärke als zur Unnachgiebigkeit.

Das wunderbare Gefühl, einen Konflikt beseitigt und die Atmosphäre wieder bereinigt zu haben, ist der beste Lohn. Denn jede gute Tat trägt ihren Lohn in sich, und außerdem werden Sie nach einiger Zeit verwundert feststellen, dass Kopfschmerzen und Migräne ebenfalls verschwunden sind.

Frei von Angst und Depressionen

Im Fernsehen sah ich die Geschichte einer jungen Frau, die entsetzliche Angst vor Katzen hatte. Eine harmlose Stoffkatze, ja sogar das Bild einer Katze genügte, um diese Angst bei ihr hervorzurufen.

Angst vor der Katze

Bei einem Versuch wurde sie in einen Raum gebracht, in dem die Therapeutin in etwa fünf Meter Entfernung mit einer Katze auf dem Schoß wartete. Die junge Frau blieb ängstlich an der Tür stehen, spielte verlegen mit den Fingern und war offensichtlich unschlüssig, wie sie sich verhalten sollte. Als die Therapeutin sie aber aufforderte, einen Schritt näher zu kommen, versagten ihre Nerven, und sie lief schreiend aus dem Zimmer.

Bei der Befragung stellte sich heraus, dass sie von Kind an Abneigung gegen Katzen gespürt habe. Sie ging den Katzen nach Möglichkeit aus dem Weg. So machte die Angst ihr nichts weiter aus, bis sie mit vierzehn Jahren in die Lehre kam. Die Kollegen hatten ihre Schwäche schnell erkannt.

Eines Tages warf ihr einer der Kollegen eine Katze ins Gesicht. Von diesem Tag an begann die Angst ihr Leben zu verändern. Sie konnte mitunter nicht arbeiten, nur weil sie auf dem Weg zu ihrem Arbeitsplatz eine Katze gesehen hatte und dadurch einem Nervenzusammenbruch nahe war.

Endlich begab sie sich in die Behandlung einer Psychotherapeutin. Nach zwölf Behandlungen war sie so weit, dass sie das Bild einer Katze ohne Furcht betrachten konnte und eine Stoffkatze mit einem Finger zögernd berührte. Nach einigen Wochen war ihre Katzenfurcht ganz verschwunden. Sie konnte sogar wieder eine lebende Katze anfassen, ohne auch nur einen Rest ihrer früheren Abneigung zu spüren.

Die Angst »verlernen«

Das zeigt, dass man eine Angst ebenso »verlernen« kann, wie man sie einmal »erlernt« hat. Die Psychotherapeutin hatte mit der Imaginationstechnik gearbeitet. Sie bat die Patientin, sich zunächst bequem hinzulegen und sich völlig zu entspannen. In entspanntem Zustand ist man unfähig, Angst zu empfinden. Nun sollte sie sich vorstellen, dass sie auf der Straße einer Katze begegne, zunächst in weiter Ferne, dann immer näher. In Wirklichkeit hätte die Angst sie längst wieder übermannt; weil sie aber völlig entspannt war, konnte sie keine Angst empfinden.

Das Unterbewusstsein kann Schein und Wirklichkeit nicht unterscheiden. So lernte sie, in dieser Situation keine Angst mehr zu empfinden. Bald konnte sie auch in Wirklichkeit einer Katze begegnen, ohne Angst zu haben. Nach und nach wurden die Situationen immer schwieriger, die sie sich vorstellte. Sobald sie sich daran gewöhnt hatte, wurden die gleichen Situationen auch in der Praxis nachvollzogen, bis sie nach einigen Wochen eine Katze anfassen und streicheln konnte. Sie hatte ihre Angst überwunden.

Aus diesem Beispiel sehen Sie, wie man seine Angst »verlernt«, wobei es völlig gleichgültig ist, wovor Sie Angst haben. Manche Menschen haben z. B. Angst vor dem Fliegen und können aus diesem Grund viele interessante Urlaubsziele nicht erreichen.

Angst vor dem Fliegen

Wenn es Ihnen auch so geht, dann entspannen Sie sich und begeben Sie sich an Ihren geistigen Entspannungsort. Dort sehen Sie vor Ihrem geistigen Auge zunächst das erstrebenswerte Endziel vor sich.

Sehen Sie sich glücklich an einem interessanten Ort aus dem Flugzeug steigen. Geben Sie damit Ihrem Unterbewusstsein zunächst eine klare Zielprojektion. Dann erst zeigen Sie ihm den genauen Weg dorthin. Sehen Sie zunächst, wie Sie ins Reisebüro gehen und einen Flug buchen.

Erleben Sie dann die Fahrt mit dem Taxi zum Flughafen, die Aufgabe Ihres Gepäcks und die Wartezeit in der Halle. »Hören« Sie, wie Ihr Flug aufgerufen wird, und sehen Sie sich froh in das Flugzeug steigen.

Sie haben einen schönen Fensterplatz bekommen und einen angenehmen Nebenmann. Erleben Sie in allen Einzelheiten, wie Sie sich anschnallen und wie das Flugzeug dann startet. »Sehen« Sie, wie das Flugzeug die Wolken durchbricht und wie Sie unter blauem Himmel über den Wolken dahinschweben. Schon kommt die Stewardess mit einem herrlichen Menü, das Sie sich schmecken lassen. Dabei werfen Sie ab und zu einen Blick durchs Fenster und sehen tief unten die Landschaft vorüberziehen. Ein Fluss blinkt in der

Sonne, eine Stadt »zieht« vorbei. Nach dem Essen trinken Sie noch eine Tasse Kaffee und lesen ein wenig. Bald schon sind Sie am Ziel. Die Stewardess bittet Sie wieder, sich anzuschnallen und das Rauchen einzustellen. Langsam kommt die Erde wieder näher. Sie landen ganz weich. Dort ist herrliches Wetter. Sie werden von lieben Menschen erwartet. »Sehen« Sie sich glücklich aus dem Flugzeug steigen und Ihre Freunde begrüßen. Sie berichten ihnen begeistert von dem schönen Flug.

Wenn Sie sich die Situation, vor der Sie Angst haben, in entspanntem Zustand in allen interessanten positiven Einzelheiten immer wieder vorstellen und diese mit einem Gefühl der Freude und des Glücks erleben, dann lernt Ihr Unterbewusstsein, diese Situation nicht mehr zu fürchten. Sie können dann den Flug in der Praxis erleben und sind froh und glücklich. Sie haben Ihre Angst verlernt.

Wichtig ist, dass Sie zunächst das gewünschte Ziel vor sich sehen, damit Sie Ihrem Unterbewusstsein eine Vorstellung davon geben, was Sie erreichen wollen. Danach erleben Sie den Weg dorthin in allen Einzelheiten mit einem Gefühl der Freude. Lassen Sie Ihrer Fantasie freien Lauf und sehen Sie diesen Weg in immer neuen Variationen.

Angst vor der Niederkunft

Viele Frauen haben Angst vor der Geburt ihres Kindes, obwohl sie vielleicht gern ein Kind hätten. Sobald sie merken, dass sie schwanger sind, reagieren sie mit Panik. Dabei könnte diese Zeit der Erwartung die schönste Zeit in ihrem Leben sein.

Sollten Sie in dieser Situation sein, dann sehen Sie sich an Ihrem geistigen Entspannungsort nach bereits vollzogener

Geburt, wie Sie voller Freude die Glückwünsche Ihres Mannes und der Verwandten entgegennehmen.

Erleben Sie dann die Zeit bis dorthin in allen Einzelheiten:

- Wie Sie und Ihr Mann sich beide ein Kind wünschen,
- wie Sie nach der Untersuchung beim Arzt Ihrem Mann die gute Nachricht bringen.
- Spüren Sie, wie er Sie in den Arm nimmt und sich mit Ihnen auf das Kind freut.
- Sehen Sie sich langsam runder werden und froh in die Klinik gehen, wenn die Zeit gekommen ist.

Sie haben ein schönes Zimmer bekommen mit einer freundlichen jungen Frau, die wie Sie voller Freude auf die Geburt wartet. Sie unterhalten sich angeregt und machen Pläne, was Sie alles unternehmen werden, wenn das Kind erst einmal da ist. Dann ist es so weit, und Sie erleben die Geburt. Sie spüren zwar die Anstrengung, stellen aber erleichtert fest, dass Sie kaum Schmerzen spüren. Endlich liegt Ihr Kind in Ihrem Arm, und kurz darauf kommt Ihr Mann mit einem großen Strauß roter Rosen und freut sich mit Ihnen.

Zumindest in den letzten drei Monaten vor der Geburt sollten Sie diese Situation mehrmals am Tag in völliger Entspannung durcherleben (3-Monats-Technik).

Denken Sie sich dabei immer neue Variationen aus. Einmal haben Sie ein Einzelzimmer, weil Sie Ihren frohen Gedanken nachgehen möchten, ein anderes Mal haben Sie ein Doppelzimmer, weil Sie sich unterhalten wollen.

Erleben Sie die Geburt einmal in der Klinik, ein anderes

Mal vielleicht zu Hause mit einer Hebamme. Was immer Sie sich vorstellen, sehen Sie sich dabei froh und glücklich.

Urangst vor dem Alter

Sie wissen jetzt, dass Sie mit jeder Angst fertig werden können, auch mit der Urangst des Menschen, der Angst vor dem Alter und dem Tod. Diese Angst vor dem Ungewissen sitzt tief in jedem Menschen. Sobald Sie aber Ihrem Unterbewusstsein ein positives Bild vom Alter gegeben haben, ist die Ungewissheit und damit die Angst vorbei.

Wenn Sie jetzt vierzig sind, dann sehen Sie sich an Ihrem sechzigsten Geburtstag. Sie sind voller Unternehmungslust und Sie sehen genauso aus wie heute. Sie treiben noch immer aktiv Sport. (Sollten Sie dies heute schon aufgegeben haben, dann ist es höchste Zeit, dies zu ändern; denn unsere gefährlichste Zeitkrankheit ist der akute Bewegungsmangel.)

Sehen Sie sich in Gesellschaft von jungen, frohen Menschen, die Ihre Leistungen bewundern oder sich für Ihre interessante Unterhaltung und Gesellschaft bedanken. Natürlich pflegen Sie sich noch immer sehr sorgfältig. Man kann in jedem Alter gut aussehen. Sollten Sie mit vierzig etwas voller sein, dann sehen Sie sich mit sechzig wieder schlank und froh und umworben von Ihrem Partner. Fühlen Sie sich geliebt. Spüren Sie, wie man Ihre Gesellschaft sucht. Sehen Sie sich als gepflegten und kultivierten älteren Menschen, der mitten im Leben steht und überall gern gesehen ist.

Angst vor dem Wasser

Vor einiger Zeit kam zu mir eine Patientin, die ganz diesem Bild entsprach. Sie sah blendend aus und sprühte vor Aktivität; nur eines ärgerte sie: ihre Angst vor dem Wasser.

Als Kind war sie einmal mit ihren Eltern nach Helgoland gefahren. Beim Ausbooten war das Boot umgekippt, das sie an Land bringen sollte. Dabei hatte sich ein anderes Kind in seiner Angst so fest an sie geklammert, dass sie beinahe beide ertrunken wären.

Seither ging sie dem Wasser aus dem Weg. Sie hatte auch nie schwimmen gelernt; denn sobald sie Wasser sah, war ihre sonst stets heitere Laune vorbei.

Erst im Alter erfuhr sie von der Möglichkeit, diese Angst durch Psychokybernetik zu besiegen. Sie besuchte einen meiner Kurse. Sie ist heute 68 Jahre und hat vor einem Jahr in ihrem Klub schwimmen gelernt und geht regelmäßig jede Woche schwimmen.

Depressionen nach der Operation

Eine andere jüngere Patientin traf vor zwei Jahren ein harter Schlag. Sie erkrankte an Krebs. Ihr musste eine Brust ganz abgenommen werden. Zwar wurde sie wieder ganz gesund, fühlte sich aber nur noch als »halber Mensch«, wie sie sagte, und wurde so depressiv, dass ihr Mann es nicht mehr bei ihr aushalten konnte und sich von ihr trennte. Dadurch wurden ihre Depressionen unerträglich. Sie begann am Sinn des Lebens zu zweifeln. In dieser Situation überredete sie eine Bekannte, an einem unserer Kurse teilzunehmen. Sie hatte zwar wenig Hoffnung, dass dies helfen könne, willigte aber schließlich ein, es wenigstens zu versuchen.

Es gefiel ihr dann so gut, dass sie den Lehrgang noch ein zweites Mal besuchte. Von Woche zu Woche blühte sie mehr und mehr auf. Ihr Mann, der sie gelegentlich noch besuchte, stellte überrascht die Wandlung fest. Seither ist ein

Jahr vergangen; die beiden leben nun wieder zusammen, und vor einigen Wochen erhielt ich die Nachricht, dass sie sogar noch ein Kind bekommen haben.

Die wunderbare Möglichkeit der Selbstbeeinflussung durch Imagination kann oft selbst in einer aussichtslosen Situation Ihr Leben entscheidend verändern. Manchmal kann man das Dasein nicht ändern, wohl aber die Einstellung zum Leben. Wenn Sie mit dem Auto unterwegs sind und ein anderer Wagen kommt von links und nimmt Ihnen die Vorfahrt, sodass Sie nur durch scharfes Bremsen einen Unfall vermeiden können, dann denken Sie daran. Nicht die Situation ärgert Sie, aber Sie können sich über die Situation ärgern. Sie können aber ebenso den Fahrer des anderen Wagens bedauern, denn in welcher geistigen Verfassung muss er gewesen sein, um so rücksichtslos zu handeln. Vielleicht freuen Sie sich dann sogar, dass Sie selbst ruhig und ausgeglichen sind und ein so gutes Reaktionsvermögen haben, dass Sie einen sonst drohenden Unfall verhindern konnten.

Angst nach dem Unfall

Manchmal reicht auch das beste Reaktionsvermögen nicht aus, um einen Unfall zu vermeiden. So erlebte eine Patientin vor zwölf Jahren einen Unfall als Beifahrerin, in den ihr Mann verwickelt war. Sie wurde dabei sehr schwer verletzt und musste ins Krankenhaus, während ihr Mann mit dem Schreck davonkam. Seither war sie nicht mehr zu bewegen, ein Auto zu besteigen.

Eine erfreuliche Nebenwirkung hatte der Unfall: da sie nicht mehr Auto fuhr, durchwanderte sie die nähere und weitere Umgebung ihres Wohnortes und erfreute sich bald wieder bester Gesundheit.

Vor einem Jahr hörte sie von den Möglichkeiten der Psychokybernetik und belegte einen Kursus. Inzwischen hat sie ihre Angst längst besiegt. Sie hat ihren Führerschein gemacht und heute eine Aufgabe darin gefunden, behinderte Kinder morgens mit einem Kleinbus zur Schule zu bringen und auch wieder nach Hause zu fahren. Die Angst vor einem Unfall ist völlig verschwunden.

Prüfungsangst Eine ganz andere Angst hatte ein junger Mann, der eines Tages zu mir in die Sprechstunde kam. Er war hochintelligent und wollte Jurist werden. Da war aber ein Hindernis: bei jeder Prüfung versagte er.

Er hatte »einen Kloß im Hals«, brachte kein Wort heraus und konnte keinen klaren Gedanken fassen. Prüfungsangst! Diese Angst haben wir wohl alle mehr oder weniger. Denn wer geht schon völlig gelassen zu einer für ihn wichtigen Prüfung. Aber in seltenen Fällen kann diese Angst zu versagen so stark werden, dass sie alle Kräfte lähmt und gerade dadurch das eintritt, was wir befürchten – wir versagen tatsächlich.

Im vorliegenden Fall war die Situation besonders ernst, weil er am Freitag, das hieß in vier Tagen, seine letzte Chance hatte, das Staatsexamen zu machen; er war vorher schon bei mehreren Prüfungen durchgefallen. Es war Dienstag, und wir hatten ganze vier Tage Zeit. In dieser Zeit erlernte er die Imaginationstechniken. Er stellte sich immer wieder vor, wie er ganz ruhig in die Prüfung ging und gelassen alle Fragen beantwortete. Er sah, wie das Prüfungsergebnis bekannt gegeben wurde und wie der Leiter der Prüfungskommission ihm zur bestandenen Prüfung gratulierte. Immer wieder prägte er seinem Unterbewusstsein diese positiven

Bilder ein und erfüllte sein ganzes Denken mit dieser Vorstellung.

Ich war selbst auf das Ergebnis gespannt und freute mich mit ihm, als ich einige Tage später erfuhr, dass er die für ihn so wichtige Prüfung bestanden hatte. »Ich war zwar noch ziemlich aufgeregt bei der Prüfung«, sagte er, »aber ich habe bestanden.«

Es ist nie zu spät

Man kann also mitunter auch unter Zeitdruck in wenigen Tagen eine eingeschliffene Angst beseitigen oder doch wenigstens spürbar verringern, wenn man die zur Verfügung stehende Zeit richtig nützt. Sagen Sie also niemals: »Es ist zu spät, ich kann hier nichts mehr tun!« Sie nehmen sich dadurch die Chance. Es ist nie zu spät.

Schlank durch Psychokybernetik

Es gibt zahlreiche Schlankheitskuren, die alle eines gemeinsam haben: sie helfen nur vorübergehend. Hat man sich endlich entschlossen, eine Schlankheitsdiät »eisern« durchzumachen, dann wird man fast immer in den ersten Wochen Erfolge verzeichnen können. Man freut sich über jedes verlorene Pfund und fühlt sich auch schon leichter und frischer; aber auf einmal geht es nicht weiter. Sie beginnen sogar wieder zuzunehmen, obwohl Sie die Diät weiter einhalten. Dr. L. Kotkin, Arzt, Psychologe und Ernährungsfachmann, hat dies in seinem ausgezeichneten Werk *Iss, denke nach und werde schlank* (Ariston Verlag, Genf) glaubwürdig bewiesen: ohne die »Mitwirkung« des Unterbewusstseins wird man nicht schlank. Warum ist das so?

Der »Bauplan« ist dem Unterbewusstsein eingeprägt

In jedem Moment sterben in unserem Körper Zellen und werden durch andere ersetzt. Das geschieht natürlich nicht wahllos, sondern nach einem festen Plan. Jedes Unterbewusstsein hat eine bestimmte Vorstellung von dem Körper, der es beherbergt. Nach diesem »Bauplan« geht es vor. Ist dieser Plan etwas rundlich ausgefallen, wird sich das Unterbewusstsein stets bemühen, den Plan entsprechend zu erfüllen.

Nun beginnen Sie eine Diät. Das Unterbewusstsein hat weniger »Baumaterial« zur Verfügung. Zunächst lässt es alle Körperfunktionen unverändert weiterlaufen und ersetzt fehlendes Material aus den Körperdepots: Fettzellen werden abgebaut, Sie nehmen ab.

Der geänderte »Bauplan«

So sehr Sie sich darüber freuen, Ihr Unterbewusstsein stellt fest, dass Ihre Erscheinung nicht mehr ganz mit dem »Bauplan« übereinstimmt. Nun beginnt es Sparmaßnahmen zu ergreifen und schränkt die Körperfunktionen ein, um trotz vermindertem Nahrungsangebot den alten Plan erfüllen zu können. Das äußert sich darin, dass Sie schneller müde werden und leichter frieren. Und obwohl Sie Ihre Diät strikt einhalten, beginnen Sie wieder zuzunehmen.

Ein typisches Beispiel hierfür war Frau Eleonore B., die Frau eines bekannten Filmproduzenten. Als sie zu mir kam, war sie völlig verzweifelt. Solange sie denken konnte, hatte sie sich, um schlank zu bleiben, auf Schonkost gesetzt. Sie hatte jede Diät versucht; aber nach kleinen Anfangserfolgen musste sie immer wieder einsehen: sie hatte zu dicke Beine; keine noch so strenge Diät ließ diese schlank werden. Dabei war sie eine schöne Frau und konnte leicht mit all den jungen und hübschen Schauspielerinnen konkurrieren, mit denen ihr Mann täglich zu tun hatte – bis auf diesen schwachen Punkt, ihre Beine.

Die schlanken Beine

Ich erklärte ihr die Zusammenhänge und sagte ihr, dass sie erst dauerhaft abnehmen würde, wenn sie das Bild in ihrem Unterbewusstsein korrigiert habe. Um das zu erreichen, empfahl ich ihr die *positive Bildtechnik*, die *Jungbrunnentechnik* und die *3-Monats-Technik.* Zunächst müsse sie sich ein Idealbild von sich selbst machen, mit schlanken Beinen. Entweder indem sie ein altes Bild von sich nahm, auf dem sie noch schlanke Beine hatte, oder indem sie ein neueres Bild von sich nach ihren Wünschen retuschieren ließ. Da sie schon immer zu volle Beine hatte, ließ sie sich ein entsprechendes Bild retuschieren.

Nach acht Monaten sah ich sie auf einer Geburtstagsparty wieder, schlank und strahlend. Sie erzählte mir, dass sie die empfohlenen Techniken konsequent angewandt hatte. Trotzdem war in den ersten Wochen kein Erfolg zu erkennen gewesen. Aber sie hielt durch. Nach einigen Monaten war sie so schlank, wie sie es sich stets gewünscht hatte.

Alle Techniken auf Schlankwerden abgestimmt

Hier gebe ich Ihnen einige Beispiele, wie die einzelnen Techniken angewandt werden können, wenn Sie schlank werden möchten.

Die »Tafeltechnik«

Schreiben Sie in Ihrem geistigen Entspannungsort auf die Tafel mit dem schwarzen Rand zunächst auf, was Sie in Zukunft meiden wollen, z. B. Schokolade, Kuchen usw. Danach schreiben Sie auf die Tafel mit dem weißen Rand das, was Sie in Zukunft bevorzugen werden, wie Quark, Obst usw., ganz nach Ihrem Geschmack. Zerstören Sie dann die Tafel mit dem schwarzen Rand und den Dickmachern voller Abscheu und prägen Sie sich alles, was Sie auf der Tafel mit dem weißen Rand aufgeschrieben haben, gut ein.

Die »positive Bildtechnik«

Machen Sie sich zunächst von sich selbst ein Idealbild, entweder mit Hilfe eines Jugendbildes oder indem Sie ein neues Bild nach Ihren Wünschen retuschieren lassen. Sie können auch die Fotomontage zu Hilfe nehmen und Ihr Gesicht auf das Bild eines Körpers kleben, der Ihren Wünschen entspricht. Schauen Sie dieses Bild dann immer wieder lange an, bis Sie es auch mit geschlossenen Augen ganz deutlich jederzeit vor Ihrem geistigen Auge sehen können, und zwar mit allen Einzelheiten. Üben Sie dies auch ab und zu bei der Arbeit, wenn Sie gerade daran denken. Schließen Sie einen Moment die Augen und sehen Sie, ob das gewünschte Bild sofort vor Ihrem geistigen Auge klar zu erkennen ist.

Der »geistige Entspannungsort«

Jedes Mal, wenn Sie Ihren geistigen Entspannungsort aufsuchen, sehen Sie sich dort in Ihrer neuen Form umhergehen. Betrachten Sie dieses Bild liebevoll und lassen Sie es möglichst lange auf sich wirken. Sehen Sie sich dort mit Ihrem schlanken Körper bei den verschiedensten Tätigkeiten und in den unterschiedlichsten Situationen. Erfüllen Sie sich mit einem Gefühl der Dankbarkeit für diesen schlanken Körper.

Stellen Sie sich vor, wie Ihr Partner Sie liebevoll in den Arm nimmt und Ihnen sagt, dass er sich freut, dass Sie wieder so schön seien. »Hören« Sie auch, wie Ihre Bekannten ihre Bewunderung äußern über Ihr vorteilhaftes Aussehen.

Die »Jungbrunnen-Technik«

Begeben Sie sich zu Ihrem geistigen Entspannungsort an die Stelle, wo Sie sich Ihren Jungbrunnen eingerichtet haben. Sehen Sie sich beim ersten Mal rundlich hineingehen, und kommen Sie dann ganz langsam heraus – schlank, wie es Ihrem neuen Bild entspricht. Gehen Sie immer wieder hinein, aber nun schon schlank. Sehen Sie sich nie mehr dick, vergessen Sie dieses Bild ein für alle Mal.

Sie gehen also schlank in den Jungbrunnen und kommen noch schlanker heraus. Nach jedem Bad werden Sie schlanker. Sie spüren auch, wie Sie leichter und beweglicher werden. Sehen Sie sich ohne Mühe Dinge tun, die Ihnen zur Zeit unmöglich sind oder doch schwer fallen. Laufen und springen Sie in Ihrem geistigen Entspannungsort herum und genießen Sie das wunderbare Gefühl der Leichtigkeit.

Die »3-Monats-Technik«

Vertiefen und verstärken Sie die Wirkung der anderen Techniken durch die Anwendung der »3-Monats-Technik«. Denken Sie daran, dass der unerwünschte Zustand in Jahren entstanden ist. Geben Sie sich also wenigstens einige Monate Zeit, um sich nach Ihren Wünschen zu verwandeln.

Der Schlüssel zur Idealfigur

Mit diesen Techniken haben Sie den Schlüssel zu Ihrer Idealfigur in der Hand. Sie kennen nun die Zusammenhänge und wissen, warum Ihren bisherigen Bemühungen wenig oder gar kein Erfolg beschieden war. Nützen Sie die neuen Möglichkeiten. Denn mitunter kann dies Ihrem Leben eine neue Richtung geben, wie dies bei Rita, unserer früheren Hausangestellten, der Fall war.

Der Fall Rita

Sie war nur etwa ein Jahr bei uns, immer missmutig und ständig kauend. Natürlich war sie für ihre sechsundzwanzig Jahre viel zu dick; aber das schien sie nicht weiter zu stören. Das änderte sich erst, als sie sich in einen jungen Fotografen verliebte – einen netten jungen Mann, der einige Male mit ihr tanzen ging, sich dann aber nicht mehr sehen ließ. Dass Rita ernsthaft Feuer gefangen hatte, konnte jeder sofort erkennen: sie war jetzt modisch gekleidet, ging auch regelmäßig zum Friseur. Aber anscheinend war ihre Mühe vergeblich, denn an ihren freien Abenden saß sie traurig auf ihrem Zimmer und war nicht zu bewegen, irgendetwas zu unternehmen.

Eines Tages fragte sie mich, ob man in meinen Kursen auch lernen könne abzunehmen. Sie hatte sich bisher nie für meine Arbeit interessiert. So erklärte ich ihr die verschiedenen Techniken und schlug ihr vor, im nächsten Kursus mitzumachen.

Rita war begeistert bei der Sache. Ich hatte selten eine so aufmerksame Teilnehmerin. Frage auf Frage musste ich beantworten. Sie konnte nicht genug hören von den wunderbaren Möglichkeiten der Psychokybernetik. Offensichtlich hatte sie beschlossen, dem jungen Mann zu gefallen. Das war natürlich ein starkes Motiv. Ihre Essgewohnheiten hatte sie radikal geändert. Ihre sonst so geliebte »Knabberschale« stand unbeachtet in der Ecke.

Nach einigen Wochen begann sich der Erfolg abzuzeichnen: die ersten Pfunde waren »geschmolzen«. Sie musste ihre Garderobe enger machen. Aber auch sonst veränderte sie sich zu ihrem Vorteil. Ihre frühere Missmutigkeit war völlig verschwunden. Wir sahen sie nur noch mit einem heiteren Lächeln bei der Arbeit.

Meine ganze Familie verfolgte inzwischen gespannt die auffallende Verwandlung »unserer« Rita. Wir alle wollten natürlich sehen, ob ihre Bemühungen auch Erfolg haben würden. Rita erwähnte den Fotografen mit keinem Wort: in ihrer Freizeit jedoch war sie ständig abwesend.

Bis sie uns dann, nach einigen Wochen, mit ihrer Kündigung überraschte. Damit hatten wir nun wirklich nicht gerechnet; aber wir konnten Rita alle gut verstehen und freuten uns mit ihr. Bei einer Freundin hatte sie einen bekannten Schriftsteller kennen gelernt. Es war wohl bei beiden Liebe auf den ersten Blick. Manchmal schreibt sie uns ein paar Zeilen aus dem Tessin, wo sie heute mit ihrem Mann wohnt und ihr neues Leben genießt.

Wie Kinderlosigkeit durch Psychokybernetik beseitigt werden kann

Jedermann kennt heute den Vorgang der Empfängnis und weiß natürlich, dass es unmöglich ist, auf rein geistigem Weg ein Kind zu zeugen.

Am Anfang ist der Gedanke

Nur wenige wissen aber, dass eine falsche geistige Einstellung, trotz starkem Wunsch nach einem Kind und bester körperlicher Gesundheit der beiden Partner, die Empfängnis verhindern kann.

Unzählige Paare wünschen sich jahrelang vergeblich ein Kind, aber auf einmal, meist dann, wenn sie die Hoffnung bereits aufgegeben haben, erfüllt sich ihr Wunsch doch noch. Sie werden vielleicht sagen, das sei eben Zufall gewesen. Es gibt keinen Zufall. Wir selbst sind es, die mit unseren Gedanken unsere Lebensumstände und unser gesamtes Schicksal bestimmen. Denn Gedanken sind die stärkste Kraft in dieser Welt.

Jeder Gedanke strebt nach Verwirklichung

Wir sind Herr unserer Gedanken, oder wir könnten es zumindest sein, indem wir unsere Gedanken stets in die gewünschte Richtung lenken. Denn jedem Gedanken wohnt das Bestreben inne, sich zu verwirklichen, und je öfter und je intensiver wir einen Gedanken wiederholen, desto stärker wird dieses Streben nach Verwirklichung werden, bis es sich letztlich gegen jeden äußeren Widerstand durchsetzt und tatsächlich Wirklichkeit wird.

Genau wie bei einem Bauwerk

Wir sind unfähig, etwas zu tun, ohne es vorher gedacht zu haben. Selbst die geringste Bewegung müssen wir vorher in Gedanken ausgeführt haben, um sie in die Tat umzusetzen. Bevor ein Haus gebaut werden kann, muss ein Architekt es in Gedanken fertig stellen und vor sich sehen. Diese Vorstellung bringt er dann in Form einer Zeichnung zu Papier. Damit ist der schöpferische Teil der Erschaffung eines Hauses beendet, der Gedanke hat Gestalt angenommen. Der eigentliche Bau des Hauses ist nur noch ein Vollzug des ursprünglichen Gedankens.

Dieser Ablauf wiederholt sich bei allem, was wir tun, immer wieder, auch wenn wir uns dessen nicht immer bewusst sind. Es genügt also nicht allein der Wunsch, ein Haus zu bauen; denn ohne es vorher gedacht zu haben, kann es nicht Wirklichkeit werden.

Ihr Unterbewusstsein soll den Wunsch kennen

Auch der Wunsch nach einem Kind kann nur Wirklichkeit werden, wenn die geistigen Voraussetzungen vorhanden sind. Es liegt jedoch in unserer Macht, diese Voraussetzungen zu schaffen. Wenn Sie sich ein Kind wünschen, dann begeben Sie sich an Ihren *geistigen Entspannungsort,* um es Ihrem Unterbewusstsein immer wieder einzuprägen. Sehen Sie sich dort auch mit dem Baby im Arm spazieren gehen und stellen Sie sich vor, wie Sie Ihr Baby baden, anziehen und füttern.

Stellen Sie sich vor allem immer wieder den Moment vor, wie die Schwester in der Klinik Ihnen nach der Geburt das Kind bringt und wie sie es Ihnen in den Arm legt. Spüren Sie dann dieses wunderbare Gefühl, wie dieses hilflose Wesen geborgen in Ihrem Arm liegt und wie dann Ihr Mann mit einem großen Strauß Blumen kommt, um sich mit Ihnen über Ihr Kind zu freuen.

Gemeinsame geistige Bemühungen verstärken sich

Aber auch Ihr Mann sollte sich an seinem *geistigen Entspannungsort* diesen Ablauf immer wieder vorstellen, weil sich dann Ihre gemeinsamen geistigen Bemühungen gegenseitig verstärken. Wenn Sie beide dies ein paar Monate machen und auch alle anderen Voraussetzungen erfüllt sind, dann wird Ihr Wunsch in Erfüllung gehen. Sehen Sie aus den folgenden Beispielen, wie andere sich den Wunsch nach einem Kind mit Hilfe der *Psychokybernetik* doch noch erfüllen konnten:

Pfarrer Sommer war seit zwölf Jahren verheiratet. Er fühlte sich in seiner kleinen Landgemeinde sehr wohl, aber beim Religionsunterricht oder bei der Gemeindearbeit mit Kindern spürte er doch oft ein Gefühl der Wehmut, dass es ihm versagt geblieben war, eigene Kinder zu haben. Auch seine Frau hätte von Herzen gern Kinder gehabt, und sie nützte jede Gelegenheit, um die Dorfkinder in das alte Pfarrhaus einzuladen. Die Kinder hatten sie gern, denn sie war voller Güte und Verständnis und hatte immer Zeit, wenn ein Kind mit seinem kleinen Problem zu ihr kam.

Längst hatten sie sich damit abgefunden, keine eigenen Kinder zu bekommen. So nahmen sie ein Waisenkind bei sich auf. Sie waren sehr glücklich mit ihrem »Sohn« Thomas. Auch er fühlte sich bei seinen Pflegeeltern offensichtlich sehr wohl.

Als Thomas vier Jahre alt war, hörten sie eines Tages von der Möglichkeit der *Psychokybernetik*. Zu ihrer Überraschung hörten sie, dass Kinderlosigkeit auch eine geistige Ursache haben könne. Der alte Wunsch nach einem Kind wurde wieder wach. Als Thomas zwei Jahre später zur Schule ging, hatte er bereits ein kleines Schwesterchen.

Kinderlosigkeit infolge seelischer Sperre

Ganz anders war die Situation bei dem Ehepaar Langen. Sie »mussten« sehr früh heiraten und hatten einen starken Widerstand beider Eltern zu überwinden, denn Frau Langen war bei der Geburt ihres ersten Kindes erst siebzehn Jahre alt. Inzwischen war das junge Paar seit fünf Jahren glücklich verheiratet. Beide Elternpaare hatten mit der Freude über den kleinen Enkel längst allen Groll vergessen. Frau Langen war sehr kinderliebend und hätte gern noch ein oder zwei Kinder gehabt. Aber es blieb bei dem Wunsch. Mehrfach ließen sie und ihr Mann sich ärztlich untersuchen, aber das Ergebnis war immer dasselbe, beide waren völlig gesund.

Um alle Möglichkeiten zu nützen, ließ sich Frau Langen auch von einem Psychotherapeuten behandeln. Dieser kam zum Ergebnis, dass die frühe Schwangerschaft einen starken seelischen Schock ausgelöst habe, der durch den Widerstand beider Elternpaare noch verstärkt wurde, sodass eine seelische Sperre gegen eine weitere Schwangerschaft entstand. Trotz dieser Erkenntnis gelang es ihm jedoch nicht, diese Sperre wieder aufzuheben.

In dieser Situation hörten sie von einer Bekannten, dass diese mit Hilfe der *Psychokybernetik* ihr Figurproblem hatte lösen können und achtzehn Pfund abgenommen hatte. Sie erzählte, dass man durch *Psychokybernetik* lernt, seine Persönlichkeit voll zu entfalten, die Lern- und Merkfähigkeit zu steigern und unter anderem auch unerwünschte Kinderlosigkeit zu beseitigen.

Schon vier Monate nach der Teilnahme an dem Kursus bestätigte der Arzt Frau Langen, dass sie schwanger sei. Gerade vor einigen Wochen habe ich die Nachricht von der Geburt ihrer Tochter Sabine bekommen.

Verstärkter Wunsch führt zum Erfolg

Mitunter kann man mit Hilfe der *Psychokybernetik* auch seine Ehe retten. In dem hier geschilderten Fall bestand diese Ehe eigentlich nur noch auf dem Papier. Herr Walther war ein erfolgreicher

Geschäftsmann und hatte das väterliche Erbe zu einem Unternehmen von Weltgeltung ausgebaut.

So erfolgreich er im geschäftlichen Bereich war, so unglücklich war er in seiner Ehe. Von seiner ersten Frau hatte er sich scheiden lassen, weil ihre Ehe kinderlos geblieben war. Nun hatte er in seiner zweiten Ehe das gleiche Problem. Obwohl er durch seine Geschäfte sehr wenig Zeit für sein Privatleben hatte, war er mit seiner Frau sehr glücklich gewesen, und sie hatten die seltenen freien Stunden miteinander genossen. Seit einem halben Jahr aber hatte er sich von seiner Frau abgewandt und war immer häufiger abwesend, bei seiner Geliebten.

Frau Walther hatte die Psychokybernetik bereits vor längerer Zeit schon kennen gelernt; aber unter dem Druck der Ereignisse hatte sie immer seltener Gelegenheit gefunden, in Ruhe die erlernten Techniken anzuwenden. Als ihr Mann ihr jedoch die Scheidung vorschlug, weil keine Aussicht auf den so dringend gewünschten Erben bestand, erinnerte sie sich in ihrer Not an diese Methoden. Ihr war nun nichts anderes wichtiger. Sie wandte mehrmals täglich die erlernten Techniken mit einer geradezu leidenschaftlichen Intensität an.

Die Rettung einer Ehe

Ihr Mann hatte sich längst von ihr abgewandt, aber einige Wochen später, zu Silvester, waren sie noch einmal zusammen. Und wieder einige Wochen später konnte sie ihrem Mann sagen, dass sie ein Kind erwartete. Er wollte es zunächst nicht glauben, ein paar Monate danach jedoch war kein Zweifel mehr möglich.

Inzwischen sind einige Jahre vergangen. Längst ist die Geliebte vergessen. Zwar hat er den gewünschten Sohn nicht bekommen, aber er ist glücklich mit seinen drei Töchtern Andrea, Gabriele und Desirée; denn mit den zu erwartenden Schwiegersöhnen wird er eines Tages sechs Erben haben.

Sex-Transmutation

Die Sexualenergie ist die stärkste uns zur Verfügung stehende Kraft, ein Energiepotenzial, das sich ständig erneuert. In vielen alten Überlieferungen spielt die Umwandlung dieser fast unerschöpflichen Energie eine große Rolle, ganz besonders aber im *»Raja-Yoga«*, im Yoga der Könige. Hier werden zwei verschiedene Wege beschrieben. Bei dem einen Weg wird die Steigerung der Sexualenergie durch Enthaltsamkeit erreicht, bei dem anderen Weg wird die Steigerung durch immer häufigere natürliche Nutzung der Sexualkraft erreicht.

Ein Mantra wird zu einem eigenen Energiepotenzial

In beiden Fällen erfolgt die eigentliche Umwandlung durch ein spezielles Mantra, ein individuelles, von einem Guru gegebenes Wort. Der Guru (geistiger Führer), bei dem ich mich hierüber informieren konnte, verwandte das Mantra *»Obidoref«* oder *»Klim«*. Um wirksam zu werden, muss ein Mantra jedoch von einem Guru belebt werden. In einem geistigen Prozess wird es zu einem Klangkörper mit einem eigenen Energiepotenzial. Erst dann kann es seine latente Kraft entfalten.

Die so erhaltene geistige Energie kann weiter umgeformt werden in:

Vitalenergie
Mentalenergie
Spirituelle Energie.

Alle drei Energieformen dienen dazu, unsere Wünsche zu erfüllen. Die Vitalenergie bestimmt unser Wollen und Tun, die Mentalenergie unsere Denkfähigkeit; und unser Planen und die spirituelle Energie geben uns die Erkenntnisse des Einen in Allem, also die Aufhebung der Gegensätze. Damit wir diese gewaltigen Energien zur Erfüllung unserer Wünsche einsetzen können, bedarf es der Erkenntnis, und zwar der eigenen Erkenntnis. Niemals darf das Höhere dem Niederen aufgezwungen werden, denn das führt zu Disharmonien und damit zu Misserfolg. Das Höhere kann in uns nur wirksam werden, wenn wir es aus eigener Erkenntnis annehmen und damit in Harmonie mit unserer Persönlichkeit einsetzen. Große Energie in einer niederen geistigen Entwicklungsstufe kann enormen Schaden anrichten. Deshalb wird der Guru ein Mantra nur geben und beleben, wenn er sicher ist, dass der Empfänger die unbedingt erforderliche geistige Reife hat.

Energieumformung durch Stufentechnik

Die *Psychokybernetik* bietet einen anderen Weg der Umformung von Sexualenergie in geistige Energie, der unabhängig von der geistigen Reife von jedem genützt werden kann und der völlig ungefährlich ist. Um die Umformung vornehmen zu können, müssen Sie zunächst der Sexualenergie durch Imagination eine bestimmte Form geben. Wie Sie sich diese Sexualenergie vorstellen, spielt dabei keine Rolle. Wichtig ist nur, dass Ihr eigenes Unterbewusstsein unmissverständlich weiß, was Sie meinen. Mit dieser Imagination übersetzen Sie gewissermaßen den Begriff der Sexualenergie aus der für das Unterbewusstsein unverständlichen Sprache des abstrakten Wortes in die Sprache des Unterbewusstseins, die bildhafte Vorstellung. Dann können Sie mit der Umformung der Sexualenergie beginnen, und zwar geschieht dies durch die *Stufentechnik.*

1. Stufe: Sonnengeflecht

Denken Sie nun durch entsprechende Vorstellung die Sexualenergie von ihrem Ursprung im unteren Bauchraum eine Stufe höher zum Sonnengeflecht (des sympathischen Nervensystems im Oberbauch beiderseits der Aorta, Solarplexus). Für mich persönlich habe ich der Sexualenergie die Form einer klaren Flüssigkeit gegeben. Ich stelle mir also vor, wie diese Flüssigkeit durch einen kleinen Kanal in der Wirbelsäule in die nächste Stufe fließt, die in Höhe des Sonnengeflechtes sitzt. Dabei gebe ich mich ganz der Vorstellung hin, wie es fließt.

2. Stufe: Brustraum

Haben Sie so alle verfügbare Sexualenergie zum Sonnengeflecht verlagert, denken Sie wieder eine Stufe höher in den Brustraum und setzen Sie diese geistige Vorstellung so lange fort, bis Sie das deutliche Gefühl haben, dass nun alle Energie im Brustraum gesammelt ist.

3. Stufe: Halsraum

Nun denken Sie die Energie wieder eine Stufe höher in den Hals. (Dabei habe ich immer das Gefühl, einen ganz dicken Kloß zu bekommen. Dieses Gefühl ist so stark, dass ich schon einige Male in diesem Stadium in den Spiegel gesehen habe, um festzustellen, ob mein Hals tatsächlich sichtbar dicker geworden war. Natürlich war dies nicht der Fall.)

4. Stufe: Kopf Ist alle Energie im Halsraum gesammelt, denken Sie sie wieder eine Stufe höher in den Kopf. (Hier verursacht die Energie bei mir immer ein ganz deutliches kühles Empfinden, so, als ob sich tatsächlich im Kopf eine kühle Flüssigkeit sammeln würde.) Nach einiger Zeit ist der Hals wieder ganz frei. Sämtliche verfügbare Sexualenergie ist nun im Kopf. Der Durchgang durch die einzelnen Stufen bewirkt automatisch die Umformung, sodass Ihnen diese Energie nun als geistige Energie zur Verfügung steht.

Dabei bestimmt Ihre Kraft der Imagination den Grad der Umformung, und die zur Verfügung stehende geistige Energie entspricht somit immer genau Ihrer geistigen Reife, wodurch stets die Harmonie Ihrer Persönlichkeit gewahrt bleibt. Es ist dadurch völlig ausgeschlossen, dass Sie mehr Kraft umwandeln, als Sie auch verkraften können. Deshalb können Sie in keinem Fall Schaden nehmen. Sie werden jedoch feststellen, dass Sie mit zunehmender Übung immer mehr Sexualenergie umwandeln können, weil auch Ihre geistige Reife dadurch beschleunigt wird und Sie immer mehr geistige Energie sinnvoll zur Erfüllung Ihrer Wünsche einsetzen können.

Potenzsteigerung und Beseitigung von Frigidität Der Vorgang der Umwandlung von Sexualenergie in geistige Energie ist natürlich auch umkehrbar. Hierbei wird durch Umkehrung der Stufen mit Hilfe der Imagination geistige Energie in Sexualenergie umgewandelt. Es hat sich gezeigt, dass es für den gewünschten Zweck völlig genügt, einen ganz kleinen Teil geistiger Energie umzuwandeln, da diese dann eine Auslöserfunktion übernimmt und die eigene Sexualenergie wieder frei wirksam werden lässt. Diese Technik wirkt oft so spontan und so stark, dass Sie so schnell gar keine Verwendung für die nun reichlich vorhandene Sexualenergie haben und eine sofortige Umwandlung in geistige Energie erforderlich wird.

So erhalte ich meine Gesundheit

Jeder Mensch hat den Wunsch, gesund zu sein und zu bleiben; aber nur wenige sind sich bewusst, dass wir von unserer Natur aus stets gesund sind. Und wenn wir keine Fehler machen, bleiben wir auch gesund. Haben Sie sich einmal Gedanken gemacht, was Gesundheit eigentlich ist? Sicher werden Sie jetzt sagen, jeder wisse doch, was Gesundsein bedeutet. Immer wenn wir uns wohl fühlen, wenn wir keine Beschwerden oder Schmerzen haben, dann sind wir gesund – meinen viele. Was aber ist Gesundheit wirklich?

Gesundheit ist Harmonie

In erster Linie ist Gesundheit Harmonie mit uns selbst, aber auch mit unseren Mitmenschen, mit unserer gesamten Umwelt. Sobald diese Harmonie gestört ist, erkrankt unser geistiger Körper – unsere Seele.

Wird die Harmonie bald wiederhergestellt, gewinnen wir unsere Gelassenheit zurück und bleiben gesund.

Krankheit ist Störung der Harmonie

Bleibt die Harmonie aber längere Zeit gestört, so manifestiert sich diese Störung der Harmonie in einer körperlichen Krankheit, wobei jeder Organismus trotz gleicher Ursache an einer anderen Stelle erkranken kann. Denn unser Organismus besteht aus einer Kette ineinander greifender Funktionen. Und jede Kette ist nur so stark wie ihr schwächstes Glied.

So kommt es, dass Ärger dem einen Kopfschmerzen macht; der andere bekommt Magenbeschwerden; ein dritter Verstopfung; oder ihm schlägt der Ärger auf die Nieren.

Es ist sinnlos, die Kopfschmerzen mit einer Tablette zu »beseitigen«, wenn die psychische Ursache, die Störung der Harmonie, nicht behoben wird. Ebenso sinnlos ist es, bei Verstopfung eben nur ein Abführmittel zu nehmen.

Erkrankung, Signal unseres Körpers

Denn die Erkrankung ist ja nur ein Signal unseres Körpers, dass eine Störung vorliegt. Viele begnügen sich damit, dieses Signal zu beseitigen, und glauben, nun seien sie gesund, weil sie keine Beschwerden mehr haben. Das ist freilich ein folgenschwerer Irrtum.

Jeder Autofahrer weiß, dass er, wenn in seinem Wagen die Lampe der Ölkontrolle aufleuchtet, in seinem Motor zu wenig Öl hat, und er wird zur nächsten Tankstelle fahren und Öl nachfüllen lassen. Er käme nie auf die Idee, einfach etwas über die Kontroll-Lampe zu kleben, um das Signal nicht mehr zu sehen. Er weiß, dass er zwar mit zu wenig Öl noch einige Zeit fahren kann, aber dass dadurch in einiger Zeit der Motor Schaden nimmt.

Bei unserem Auto also sind wir vernünftig und beheben den Schaden sofort, bei unserem Körper aber, in dem wir nichts ersetzen können, begnügen wir uns meist damit, das Signal zu verdrängen. Die Folge kann eine chronische Erkrankung sein.

Signalveränderung ist unvernünftig

Da jede Krankheit eine seelisch-geistige Ursache hat, liegt es in unserer Hand, die

Krankheit durch Wiederherstellung der Harmonie zu beseitigen.

Was du denkst, das bist du

Wir sind Herr unserer Gedanken, zumindest könnten wir es sein. Durch richtiges Denken können wir jede Störung unserer Harmonie und damit die Ursache jeder Krankheit verhindern. Sobald wir nicht mehr, bewusst oder unbewusst, gegen das Gesetz der geistigen Harmonie verstoßen, sind wir gesund und bleiben es auch. Wir brauchen also keine großen Anstrengungen zu machen, um unser höchstes Gut, die Gesundheit, zu erhalten. Es genügt, dass wir keine Fehler machen.

Wir sind selbstverantwortlich

Damit sollen in keiner Weise die Verdienste des Arztes um die Erhaltung unserer Gesundheit geschmälert werden; es soll vielmehr aufgezeigt werden, dass wir in erster Linie selbst dafür verantwortlich und mit dem Wissen um die Kraft unserer Gedanken dazu auch in der Lage sind.

Die Kunst, richtig zu denken

Um das Atomkraftwerk unserer Seele voll wirksam werden zu lassen, bedarf es einiger Vorbereitungen. Wie bei der Meditation oder dem autogenen Training müssen wir uns zunächst entspannen.

Entspannung zur Vorbereitung

Begeben Sie sich in ein ruhiges Zimmer und sorgen Sie dafür, dass Sie nicht gestört werden. Es ist gleich, ob Sie sitzen oder liegen; aber machen Sie es sich ganz bequem. Öffnen Sie eventuell den Kragenknopf und lockern Sie Ihre Krawatte und den Gürtel. Schließen Sie die Augen und entspannen Sie sich vollkommen.

Konzentrieren Sie sich gedanklich zunächst auf Ihre Füße und Beine. Spüren, fühlen und empfinden Sie jetzt ganz deutlich, wie Ihre Füße und Beine sich völlig entspannen. Ihre Atmung geht jetzt ganz ruhig und gleichmäßig. Jedes Mal wenn Sie ausatmen, lassen Sie sich noch tiefer in dieses wunderbare Gefühl der vollkommenen Entspannung sinken. Jedes Mal wenn Sie ausatmen, sinken Sie noch eine Stufe tiefer. Ihre Füße und Beine sind jetzt vollkommen locker und entspannt.

Nun konzentrieren Sie sich auf Ihre Arme und Hände. Auch Ihre Arme und Hände entspannen sich immer mehr. Je mehr Sie Ihre Arme und Hände entspannen, desto schwerer werden Arme und Hände – immer schwerer und schwerer. Arme und Hände sind nun ganz locker und entspannt und ganz schwer. Sie spüren eine angenehme Müdigkeit, und auch Ihre Augenlider werden immer schwerer. Spüren Sie, wie Ihre Augenlider immer schwerer und schwerer werden. Ihre Augenlider sind nun ganz schwer und fest geschlossen.

Entspannen Sie nun auch die kleinen Muskeln um die Augen und um den Mund und spüren Sie, wie sich auch Ihr Gesicht vollkommen entspannt. Ihr ganzer Körper ist nun vollkommen entspannt!

Bei jedem Atemzug spüren, fühlen und empfinden Sie ganz deutlich, wie Sie allmählich tiefer und immer tiefer sinken – tiefer und tiefer in dieses wunderbare Gefühl der Ruhe und Entspannung. Sie fühlen sich ganz wunderbar wohl und sind ganz tief und fest in einer herrlichen, wohl tuenden Ruhe.

In dieser herrlichen, wohl tuenden und tiefen Ruhe konzentrieren Sie sich ganz auf die Vorstellung der von Ihnen gewünschten Gedanken. Sie lassen sich durch keinen anderen Gedanken ablenken und geben sich ganz der gewünschten Vorstellung hin.

Konzentration auf die gewünschten Gedanken

In dieser wunderbaren Ruhe und Entspannung öffnet sich ganz weit das Tor zu Ihrem Unterbewusstsein, und die gewünschten Gedanken und Vorstellungen dringen ganz leicht und tief ein. Ganz tief und unauslöschlich prägen sich Ihre Gedanken und Vorstellungen Ihrem Unterbewusstsein ein. Ihre positiven Gedanken und Vorstellungen werden dort ein Teil Ihrer Persönlichkeit, und durch die Kraft Ihres Unterbewusstseins werden diese mehr und mehr verwirklicht.

Disharmonie als Krankheitsursache

Werden Sie sich bewusst, dass die Ursache jeder Krankheit eine innere Disharmonie ist und dass Sie die Macht haben, durch richtiges Denken diese Disharmonie zu beseitigen. Nützen Sie diese Macht und erfüllen Sie sich mit Harmonie und damit mit Gesundheit durch die Kraft positiver Gedanken. Erfüllen Sie sich mit einem tiefen Gefühl der Dankbarkeit für diese Gabe.

Der Lohn der guten Tat

Haben Sie Verständnis für Ihre noch unwissenden Mitmenschen und nehmen Sie Anteil an ihren Sorgen und Nöten. Vergessen Sie manchmal Ihre eigenen Probleme und versuchen Sie nach Kräften zu helfen. Während Sie auf diese selbstlose Weise anderen helfen, werden Sie auf einmal mit Erstaunen feststellen, dass sich dadurch auch Ihre eigenen Probleme gelöst haben. Sie erkennen dankbar, dass jede gute Tat ihren Lohn in sich birgt. Denn durch jede gute Tat werden positive Kräfte frei, die für den

Gebenden wirksam werden. Mit der richtigen Anwendung dieses Gesetzes erfüllt sich wie von selbst der Wunsch nach Gesundheit und Glück.

Solange Sie noch Ihre Aufmerksamkeit auf Ihre eigenen Probleme und Beschwerden richten, solange sind sie Realität. Erst wenn Sie Krankheit als das sehen, was sie tatsächlich ist, als eine Störung Ihrer inneren Harmonie, genügt der Gedanke, innerlich in völliger Harmonie zu sein, um diesen Gedanken Realität werden zu lassen. Damit verschwindet die Krankheit, die ja nur Signal für die innere Disharmonie war, von selbst.

Visieren Sie das Ziel an

Zeigen Sie Ihrem Unterbewusstsein daher nie den Weg, sondern das Ziel. Dadurch wird es die volle Kraft dieses Gedankens entfalten, um dieses Ziel zu verwirklichen.

Auch wenn Ihre Krankheit sich ständig mit Schmerzen in Ihr Bewusstsein drängt, richten Sie Ihre Gedanken ausschließlich auf Ihre Gesundheit; denn solange Sie sich noch gedanklich mit Ihrer Krankheit befassen, können Sie nur schwer gesund werden. Sobald Sie sich aber gesund sehen und sich nur mit Ihrer Gesundheit beschäftigen und sich vorstellen, was Sie alles tun wollen und wie Sie es bei voller Gesundheit tun, brauchen Sie nicht mehr gesund zu werden – Sie sind gesund.

Sie legten dafür Zeugnis ab

Wenn Sie dennoch an der Macht der Gedanken zweifeln, dann erinnern Sie sich an die Worte, die der berühmte britische Astronom Sir James Jean vor wenigen Jahren geschrieben hat: »Der Strom der menschlichen Erkenntnis bewegt sich unaufhaltsam auf eine nichtmechanische Wirklichkeit zu: das Universum gleicht immer mehr einem großen Gedanken als einer großen Maschine. Der Geist erscheint nicht mehr als zufälliger Eindringling in das Reich der Materie. Allmählich keimt in uns die Einsicht, dass wir ihn viel eher als Schöpfer und Herrn dieses Reiches erkennen sollten.«

In der Bibel wird immer wieder berichtet, dass Jesus Kranke, die ihn um Heilung baten, zuvor fragte: »Glaubst du?« Und wenn Sie geheilt wurden und zu ihm zurückkamen, um ihm für die Heilung zu danken, so lehnte er diesen Dank stets mit den Worten ab: »Dein Glaube hat dir geholfen.« Jesus wies also schon damals den Weg zur geistigen Selbstheilung.

Keine Ernte ohne Saat

Wie viele Menschen beklagen sich, dass ein grausames Schicksal sie mit vielen Krankheiten geschlagen habe, und wissen nicht, dass wir selbst unser Schicksal ständig neu bestimmen. Denn unsere Gedanken sind unser Schicksal. Wir ernten nur, was wir mit unseren Gedanken früher gesät haben, und nennen es Schicksal. Gleichzeitig aber säen wir ständig mit unseren Gedanken das aus, was wir morgen unser Schicksal nennen werden. Beginnen wir daher heute das zu säen, was wir morgen mit Freuden ernten wollen. Seien wir uns ständig bewusst:

Unsere Gedanken sind unser Schicksal

Viele Menschen machen noch einen weiteren großen Fehler: sie vergessen, dass das Leben nur in der Gegenwart stattfindet. Wer kennt nicht die tragische Figur der alternden Schauspielerin, die in Gedanken nur in ihrer »großen« Vergangenheit lebt? Die Gegenwart ist ihr ebenso gleichgültig wie die Zukunft. Genauso falsch ist es aber, nur für die Zukunft zu leben.

Das verhängnisvolle »Wenn und Aber«

Mancher von uns hat sich als Junge gesagt: »Wenn ich erst einmal die Schule hinter mir habe, dann beginnt das Leben.« Als die Schule vorüber war, sagte man sich: »Wenn ich erst einmal viel verdiene, dann werde ich aber leben.« Der Junge von damals heiratete, baute ein Haus und bekam Kinder. Immer noch aber sagt er sich: »Wenn erst das Haus bezahlt ist und wenn erst die Kinder groß sind, dann beginnt das Leben.«

Eines Tages ist das Haus bezahlt, und die Kinder sind groß und stehen in ihrem eigenen Leben, und er erkennt, dass er alt geworden und das Leben an ihm vorübergegangen ist. Das, was er ständig vorübergehen lassen wollte, war das Leben – und seine Gedanken haben sich erfüllt. Das Leben ist an ihm vorübergegangen, ohne dass er gelebt hat. Sorgen Sie dafür, dass es Ihnen nicht ähnlich geht, denken Sie daran:

Wir leben heute – hier und jetzt

Falsches Denken ist vielen zur lieben Gewohnheit geworden, und es wird nicht leicht sein, diese Gewohnheit wieder abzulegen. Aber nur so können Sie Krankheit, Unzufriedenheit und Misserfolg vermeiden oder überwinden.

Mit positiven Gedanken das Schicksal bestimmen

Bestimmen Sie mit positiven Gedanken Ihr Schicksal von morgen, auf dass Sie sich heute schon freuen können, wie der Bauer sich auf eine gute Ernte freut; weil er weiß, was er gesät hat und daher auch weiß, was er ernten wird. So erfüllen Sie jeden Tag Ihres Lebens mit Freude.

Wie stark die Kraft positiver Gedanken ist, sehen Sie aus folgendem Experiment, das mit Leermedikamenten von der Wiener Schule durchgeführt wurde (Zitat aus *Heilende Hände* von J. P. Schöler, Schwab Verlag, Gelnhausen):

Professor Joseph Skoda und Professor Leopold Dittel teilten das Allgemeine Krankenhaus in Wien in zwei Hälften, um dann in der einen Hälfte die Patienten mit Scheinmitteln, in der anderen mit den üblichen Medikamenten der praktischen Medizin zu behandeln. Nach Ablauf eines Jahres konnten sie dann, nicht ohne große Überraschung, feststellen, dass die Erfolge auf beiden Seiten genau dieselben waren. Die beiden Professoren zogen aus diesem Experiment die folgende Lehre:

Heilen kann nur die Natur im Menschen

»Wir Ärzte können diagnostizieren; wir können eine Krankheit in ihrem Ablauf aufpeitschen; wir können sie abdämpfen; aber heilen können wir nicht. Heilen kann einzig und allein nur die Natur im Menschen. Dabei dürfen wir nicht vergessen, dass eine gesunde Lebensführung auch ein wichtiger Teil der Natur ist.«

Ich möchte bei Ihnen nicht den Eindruck entstehen lassen, es sei meine Meinung, man könne ruhig in jeder Hinsicht gegen die Vernunft verstoßen; Hauptsache, man denke richtig. Einmal davon abgesehen, dass dies gar nicht möglich ist – man kann nicht unvernünftig leben und dabei richtig denken –, bin ich durchaus der Überzeugung, dass neben dem rechten Denken die gesunde Lebensweise eine wichtige Rolle spielt.

Exzesse vermeiden

Lassen Sie also keine negativen Gedanken aufkommen, aber ernähren Sie sich auch gesund und vermeiden Sie es, länger als unbedingt erforderlich in verbrauchter Luft zu verweilen. Sorgen Sie dafür, dass Ihr Körper ausreichend Bewegung hat, lassen Sie Ihr Auto so oft wie möglich in der Garage. Machen Sie am Wochenende wieder einmal eine Wanderung und genießen Sie wieder einmal dieses wunderbare Gefühl, abends müde, aber glücklich ins Bett zu gehen.

Denken Sie daran, dass jede Zigarette Ihr Leben um sieben Minuten verkürzt, und versuchen Sie auch den Alkoholgenuss einzuschränken. Weder übertriebene Schonung noch zu starke Beanspruchung bekommen Ihrem Organismus – wahren Sie ein gesundes Mittelmaß. Überlassen Sie nicht die ganze Sorge um das Wohlergehen Ihres Körpers der Kraft Ihrer positiven Gedanken, sondern unterstützen Sie diese durch eine gesunde Lebensweise.

Mit der Natur leben

Es ist doch merkwürdig, dass die Naturvölker, Menschen, die noch in der Natur und mit der Natur leben, die nichts von Bakterien und anderen Krankheitserregern wissen und oft die einfachsten Regeln der Hygiene außer Acht lassen, dass gerade diese Menschen von Krankheiten und Leiden fast gänzlich verschont bleiben und im Allgemeinen erst hochbetagt, meist an Altersschwäche, sterben, wenn nicht ein Unfall sie vor der Zeit hinwegrafft.

Das Staunen von »Kulturmenschen«

Wir »Kulturmenschen« können diese Tatsache nur voller Staunen zur Kenntnis nehmen und müssen uns doch fragen, wie es kommt, dass sich bei uns Ärzte, Apotheker und Krankenschwestern um die Erhaltung unserer Gesundheit bemühen müssen, während die Naturvölker sich dieses höchste Gut scheinbar ohne Schwierigkeiten erhalten können.

Glauben Sie nicht, das Schicksal habe es so gewollt, dass wir uns mit Grippe, Rheuma, Krebs und tausend anderen Übeln herumplagen müssen. Die meisten Menschen glauben an einen Schöpfer, der, selbst vollkommen, auch uns vollkommen nach seinem Bild erschaffen hat. Der Gedanke, dass dieser Schöpfer uns, trotz seiner grenzenlosen Liebe und Güte, diese Übel geschickt haben soll, erscheint wie eine Gotteslästerung.

Vollkommenheit im Einklang mit den Gesetzen

Ist es nicht viel wahrscheinlicher, dass Gott uns vollkommen geschaffen und gewollt hat, dass wir nach seinem Willen im Einklang mit den Gesetzen der Harmonie leben sollen. Da er uns aber vollkommen geschaffen hat, hat er uns auch die Entscheidungsfähigkeit gegeben, unseren Weg selbst zu bestimmen. Wenn wir aber diese Entscheidungsfreiheit benützen, um gegen die Prinzipien der Harmonie zu verstoßen, dann kann das Ergebnis nur Disharmonie sein.

Von Hippokrates gelehrt

Schon Hippokrates vertrat die Ansicht, dass Krankheit nicht etwas ist, das unabhängig von außen an uns herangetragen wird, sondern weitgehend vom falschen Verhalten des Menschen verursacht wird. Eine Änderung dieses falschen Verhaltens müsse dann zwangsläufig zum Normalzustand, zur Gesundheit, führen. Die moderne Medizin scheint zumindest im Hinblick auf bestimmte Krankheiten auf der Schwelle zu der gleichen Erkenntnis zu stehen.

Von Napoleon demonstriert

Damit leugne ich keineswegs die Rolle, die Bakterien im Ablauf einer Krankheit spielen; aber ich weigere mich zu glauben, dass sie die eigentliche

Ursache der Krankheit sind. Wie wäre sonst z. B. die Tatsache zu erklären, dass Napoleon sogar zu seinen pestkranken Soldaten gehen konnte, ohne selbst zu erkranken. Er »wusste«, dass er nicht krank werden würde, und daher ist er nicht erkrankt, obwohl er sicher mit Milliarden von Krankheitserregern in Berührung kam.

Inmitten von Millionen von Krankheitserregern

Wir kommen ständig mit Bakterien und anderen Krankheitserregern in Berührung. Wenn wir trotzdem nur relativ selten erkranken, dann muss hier ein stärkerer Faktor eine Rolle spielen, der die Erkrankung verhindert. Es ist dies unsere naturgewollte Vollkommenheit, die Krankheit nur als Ausdruck einer Störung der Harmonie zulässt. Wäre es nicht so, wir würden alle schon sehr früh sterben, kaum dass wir geboren wären; denn wir kommen alle immer wieder mit Millionen von Krankheitserregern in Berührung.

Viele der großen Geißeln der Menschheit hat die medizinische Forschung besiegt. Wir denken da an berühmte Namen wie Koch, Pasteur oder Semmelweis. Aber sind wir insgesamt dadurch gesünder geworden? Im Gegenteil: wir sind eher öfter krank als unsere Vorfahren, die diese Segnungen noch nicht kannten.

Worauf es ankommt

Wie ist das zu erklären? Nun, Sie kennen meine Ansicht. Wo Disharmonie ist, da ist auch Krankheit. Wenn der Krankheit durch die moderne medizinische Forschung eine Möglichkeit der Manifestation genommen wird, dann sucht sie sich eine andere. Solange wir nicht in Harmonie mit uns selbst, mit unseren Mitmenschen und mit der gesamten Natur leben, wird es Krankheiten geben.

Sicher werden Sie im Verlauf dieses Buches mitunter auf Ansichten stoßen, die mit den heutigen medizinischen Anschauungen nicht in allen Punkten übereinstimmen, aber die Tatsache, dass Millionen Menschen etwas falsch sehen, lässt einen Irrtum nicht richtig werden. Mit dieser Argumentation könnte man behaupten, Pferdeäpfel seien eine herrliche Nahrung, denn Millionen Fliegen könnten sich nicht irren.

Denkanstöße, keine Dogmen

Meine Anschauungen sind im Lauf vieler Jahre der Erfahrung gewachsen, aber ich verkünde keine Dogmen, sondern möchte nur Denkanstöße vermitteln. Es steht Ihnen frei, meinen Anregungen zu folgen oder aber sie abzulehnen. Dieses Buch ist nur aus dem Wunsch entstanden, Ihnen zu helfen, Ihren eigenen Weg zu finden.

Das »Anti-Stress-Training«

Ein Beispiel

Der Krankenwagen stoppte vor dem Haus Parkstraße 10. Mit geübten Griffen hoben die beiden Sanitäter Herrn Bertram auf die Trage und schoben ihn vorsichtig in den Krankenwagen. *Herzinfarkt!* Schon auf der Fahrt begann der Notarzt mit der Behandlung, denn hier kam es auf jede Minute an. Das Krankenhaus war inzwischen telefonisch verständigt, damit die Behandlung auf der Intensivstation ohne Unterbrechung fortgesetzt werden konnte.

Herr Bertram kam noch einmal mit dem Schrecken davon und konnte nach einigen Wochen entlassen werden.

Wie war es dazu gekommen? Herr Bertram war ein sehr

Häufung von Stressfaktoren

zuverlässiger Mitarbeiter, Abteilungsleiter in einem internationalen Lebensmittelkonzern. Seine Firma hatte ihm gerade erst vor einigen Wochen einen neuen Posten als Filialdirektor in Süddeutschland gegeben (1. Stressfaktor).

Natürlich musste er sein Haus aufgeben. Er hatte sich ein anderes Haus in der Nähe seiner neuen Filiale gekauft. Der Umzug war noch nicht abgeschlossen (2. Stressfaktor).

Beim Umzug hatte es noch einen Autounfall gegeben. Ein anderer war ihm vor seinem neuen Haus auf seinen Wagen gefahren (3. Stressfaktor).

Obwohl er unschuldig war, hatten ihn die Verhandlungen mit dem schuldigen Fahrer, mit der Polizei und der Versicherung doch zusätzlich Zeit und Nerven gekostet. Durch die Nervosität rauchte er mehr als früher (4. Stressfaktor).

Als dann heute noch der bisherige Filialdirektor kündigte (5. Stressfaktor), war er dieser weiteren Belastung nicht mehr gewachsen und hatte einen Herzinfarkt bekommen.

Was ist »Stress«?

Wenn Sie einen Nagel im Schuh haben, wird Ihr Organismus auf diesen lokalen »Stress« mit einer Entzündung reagieren. Das überlastete Gewebe sendet chemische Alarmsignale ins Blut, wodurch die Hypophyse (Hirnanhangdrüse) veranlasst wird, ein entzündungshemmendes Hormon (ACTH) abzusondern. Dadurch beginnt die Nebenniere ihrerseits, entzündungshemmende Hormone wie Cortison usw. auszusenden. Selbst dieser kleine lokale Stress belastet also den gesamten Organismus. Wird der gesamte Organismus einem Stress ausgesetzt, ist die Selbstheilungstendenz überfordert. Es kommt zu einem Schock.

Physische und psychische Wechselwirkungen

Auf jeden Stress antwortet der Organismus also mit einer Mobilisierung von physischen und psychischen Kräften. Ein körperlicher Stress wird damit also gleichzeitig zu einer psychischen Belastung – ein psychischer Stress wird sich auch immer physisch manifestieren. Jeder Stress stört daher die Harmonie des Organismus und führt zu einer gestörten Gesundheit.

Überbelastung schwächt die Widerstandskraft

Die in jedem Organismus vorhandene Selbstheilungstendenz sorgt jedoch in kurzer Zeit für einen Ausgleich. Erfolgen jedoch vor diesem Ausgleich neue Belastungen, werden wir krank. Eine zu häufige Belastung ohne ausreichende Pausen der Erholung führt zu einer Schwächung unserer Widerstandskraft und immer häufigerer Krankheit, bis wir gar nicht mehr richtig gesund werden und uns ständig in diesem Bereich zwischen Gesundheit und Krankheit bewegen Wir sind ständig nervös, ermüden schnell und finden auch im Schlaf keine rechte Erholung mehr.

Stress wird also nur langsam durch Erholung abgebaut. Ist die Erholungspause zu kurz, addiert sich ein Stressfaktor mit dem nächsten, bis der überstrapazierte Organismus kapituliert. Das Ergebnis ist dann oft ein Herzinfarkt.

Zu geringe Belastung schwächt die Anpassungsfähigkeit

Aber auch eine zu geringe Belastung ist für unseren Organismus schädlich. Wenn wir gänzlich ohne Belastung aufwachsen, verliert der Organismus allmählich die Fähigkeit der Anpassung und des Ausgleichs. Jede Belastung wird sofort zu einer Überlastung. Das gilt heute ganz besonders für den Bewegungsmangel.

Unser Körper ist ein Bewegungsapparat und muss bewegt werden. Geschieht das nicht, versagen unser Kreislauf, unsere Verdauung usw. Bewegen wir uns nicht ausreichend, wie es in der »zivilisierten« Welt heute fast die Norm ist, kommt es zu den so genannten Zivilisationskrankheiten, wie Kreislaufschwäche und Herzmuskelschwäche. Also auch eine zu geringe Belastung ist ein Stressfaktor.

Wie schützt man sich vor Stress?

Erholungspausen sind unerlässlich

Dazu ist zunächst zu sagen, dass Stress sehr anregend, ja sogar notwendig sein kann, denn dadurch wird die Selbstheilungstendenz unseres Organismus trainiert. Es ist jedoch wichtig, mitunter sogar lebenswichtig, dass der Organismus Gelegenheit erhält, den Stress durch Erholung abzubauen. Diese Gelegenheit ist unter den heutigen Lebensumständen nicht immer ausreichend vorhanden.

Hier hilft die »Kurzmeditation«

Wir stellen uns die Stufen 7 bis 1 mit den dazugehörigen Farben so vor, dass wir mit jedem Atemzug eine Stufe tiefer gehen, sodass wir in sieben Atemzügen in unserem *geistigen Entspannungsort* sind. Hier angekommen, genügt eine Minute der Entspannung, wenn wir die Tatsache nützen, dass die Zeit für das Unterbewusstsein relativ ist.

In einer Minute Erholung

Wir können uns daher in einer Minute so erholen, als ob wir zwei Stunden geschlafen hätten;

wir brauchen uns nur eine entsprechende Suggestion zu geben. Denken Sie in entspanntem Zustand folgende Worte:

»Ich entspanne mich jetzt völlig. Und wenn ich mich nach einer Minute wieder hochzähle, werde ich so erholt sein wie nach zwei Stunden tiefen Schlafs.«

Ihr Unterbewusstsein kennt keine Zeit und wird diesen Befehl realisieren, sobald Sie selbst davon überzeugt sind, dass dies geschieht. Wenn Sie aber auch nur die Möglichkeit eines Misserfolges in Betracht ziehen – oder sogar denken: ich kann es ja versuchen, denn schaden wird es auf keinen Fall, so wird sich überhaupt keine oder doch nur eine sehr geringe Wirkung zeigen.

Aktive Geisteshygiene

Diese *Kurzmeditation* können und sollten Sie mehrmals am Tag durchführen – Sie betreiben damit aktive Geisteshygiene, und eine psychische Überbelastung wird wirksam ausgeschlossen. Geisteshygiene ist ein dringendes Bedürfnis des Menschen. Unseren Körper pflegen wir, wir waschen uns täglich, wir wechseln unsere Kleider, aber unserem Geist muten wir zu, mit der Informationsflut unserer Zeit ohne Hilfe fertig zu werden.

Dabei sind wir Herr unserer Gedanken. Es liegt in unserer Macht, positiv oder negativ zu denken.

Gewöhnen Sie sich an, in jeder Situation die positive Seite zu sehen. Ihr Leben wird von heute an schöner sein.

Wir machen uns Sorgen, als wenn wir tausend Jahre zu leben hätten. Bemühen wir uns doch lieber wieder mehr um den sanften Humor des Herzens, der es versteht, über die Welt, die lieben Mitmenschen und sich selbst zu lächeln und ein klein wenig über den Dingen zu stehen.

Geisteshygiene, der Weg zur seelischen Gesundheit

Das verhätschelte Kind

Bianca war ein richtiges Sorgenkind. Sie aß sehr schlecht und war ständig krank, obwohl die Eltern ihr alle Aufmerksamkeit zuwandten. Die Mutter kochte ihr stets das, was sie am liebsten mochte, und stand mehrmals jede Nacht auf, um Bianca zuzudecken, weil sie sich so leicht erkältete. Der Vater verwöhnte sie sehr und brachte ihr fast täglich ein neues Spielzeug mit. Sie aber beschäftigte sich nur ein paar Minuten damit, dann war es wieder vergessen. Nur selten spielte sie draußen mit den anderen Kindern und kam immer wieder weinend zu ihrer Mutter gelaufen, weil sie sich wehgetan hatte oder weil die anderen Kinder »so böse« waren.

Ständige Sorgen begünstigen die befürchtete Situation

Die Eltern waren schon ganz verzweifelt. Obwohl sie sich so viel Mühe gaben, wurde es immer schlimmer mit ihr. Eines Tages besuchten sie einen unserer Lehrgänge für Psychokybernetik und erfuhren, dass man Sorgen geradezu magnetisch anzieht, wenn man sich ständig sorgt. Hier wirkt die Umkehrung der »positiven Bildtechnik«. Durch ständige Vorstellung der befürchteten Situation wird diese verwirklicht.

Genau das hatten sie jahrelang unbewusst getan. Da sie ihren Fehler erkannt hatten, war es möglich, ihn zu ändern. Die ersten Wochen waren nicht ganz leicht. Inzwischen ist ein Jahr vergangen. Aus Bianca ist ein fröhliches Kind geworden, mit dem die anderen Kinder gern spielen. Ich sehe sie fast täglich und konnte daher die Entwicklung genau verfolgen. Wie ich hörte, war sie im letzten halben Jahr überhaupt nicht mehr krank.

Techniken und Wirkungen

Sie sollten sich jeden Abend einige Minuten der Besinnung gönnen, in denen Sie die Ereignisse des Tages und Ihr Verhalten noch einmal kritisch vor Ihrem geistigen Auge vorüberziehen lassen und prüfen, ob Sie vor sich selbst bestehen können. Ein Verhalten, das nicht ganz Ihren Wünschen entspricht, können Sie dann in Ihren Gedanken ändern.

Stellen Sie sich bildhaft vor, wie Sie sich gern verhalten hätten, und prägen Sie sich dieses positive Bild mit einem Gefühl der Freude ein. So wird Ihnen zunächst stets bewusst, wenn Sie sich einmal nicht nach Ihren Wünschen verhalten haben. Und ferner haben Sie die Möglichkeit, dies regelmäßig sofort in Gedanken zu ändern und sich selbst ein positives Erfolgserlebnis zu geben.

Jeder Gedanke ist für das Unterbewusstsein Realität

Sie wissen, dass Ihr Unterbewusstsein nicht zwischen Sein und Schein unterscheiden kann. Jedes gedankliche Erlebnis ist für das Unterbewusstsein Realität. Dieses positive Erfolgserlebnis spornt daher an, sich auch in Zukunft so positiv zu verhalten. Ohne dass Sie dies merken, wird die gewünschte Verhaltensform Teil Ihrer Persönlichkeit, und Sie werden sich mehr und mehr dementsprechend verhalten.

Belastender Seelen-Müll

Außerdem vermeiden Sie so, dass unerfreuliche Erlebnisse als »Seelen-Müll« hängen bleiben und ein unkontrolliertes Eigenleben führen können. Dies gilt auch, sogar in besonderem Maß, für das Fernsehen. Ihr Bewusstsein weiß natürlich, dass der Mord nicht wirklich passiert ist, wenn Sie einen spannenden Krimi gesehen haben. Für Ihr Unterbewusstsein aber ist das Realität, und es muss dieses belastende Erlebnis verarbeiten. Das geschieht meist im Traum.

Mitunter »erleben« wir so viele unerfreuliche Dinge, dass das Unterbewusstsein damit voll gestopft wird und nicht mehr alles verarbeiten kann. In diesem Fall müssen wir durch bewusste Geisteshygiene dem Unterbewusstsein helfen.

Der Erfolg ist in jedem Fall deutlich spürbar. Sie fühlen sich freier und tatkräftiger, da Ihre Energie nicht mehr durch innere Belastungen aufgezehrt wird. Oft verschwinden dadurch auch hartnäckige Schlafstörungen ganz von selbst, und Ihre Mitmenschen werden Ihnen bestätigen, dass Sie sehr viel mehr Sicherheit und Selbstvertrauen ausstrahlen.

Wir sind nicht hilflos einem übermächtigen Schicksal ausgeliefert. Wir können dieses mit Hilfe wirksamer Geisteshygiene und der »positiven Bildtechnik« nach unseren Wünschen gestalten. Dazu müssen wir uns nur der fast unbegrenzten Macht und Wirkung unserer Gedanken bewusst werden und diese Kraft gezielt für unsere Wünsche einsetzen.

Verschwenden Sie Liebe

Bedenken Sie dabei aber immer, dass Gedanken eine zweifache Wirkung haben. Einmal wirken Sie nach außen, andererseits auch mit der gleichen Kraft nach innen. Wer andere Menschen hasst, wird selbst hässlich, wer aber liebt, wird selbst froh und glücklich. Liebe ist das Einzige, was wir verschwenden sollten; denn je mehr wir geben, desto mehr werden wir erhalten.

Ein Pflanzentest über die Kraft von Gedanken

Wie stark positive, aber auch negative Gedanken wirken, sehen Sie sehr gut an folgendem Experiment. Kaufen Sie sich zwei gleiche Pflanzen. Stellen Sie diese etwa einen Meter auseinander in gleichen Töpfen, in gleicher Erde und am gleichen Platz auf. Geben Sie beiden die gleiche Menge Wasser, und lassen Sie beiden auch sonst die gleiche Pflege angedeihen. Einer Pflanze aber bringen Sie ein Gefühl der Liebe entgegen, der anderen ein starkes Hassgefühl.

Konzentrieren Sie sich täglich zweimal für etwa fünf Minuten auf jede Pflanze, indem Sie sich vor die Pflanzen stellen, über jede Pflanze Ihre Hände halten und bei der einen Liebe und Zuneigung durch Ihre Hände abstrahlen, bei der anderen leidenschaftlichen Hass. Stellen Sie sich dabei vor, wie Sie die Pflanze zerstören, sie in kleine Stucke zerreißen und die Stücke noch mit den Füßen zertreten. Bei der anderen Pflanze stellen Sie sich bildhaft vor, wie sie blüht und gedeiht.

Schon nach einer Woche sehen Sie ganz deutlich den Unterschied zwischen den beiden Pflanzen. Nach etwa drei Wochen wird die eine Pflanze ganz verkümmern, während die andere immer üppiger wird.

Negative in positive Erfolgserlebnisse »umdenken«

Viele Menschen richten unbewusst diese zerstörerische Kraft durch negative Bildvorstellungen auf sich selbst und werden dadurch krank und unglücklich. Jeder von Ihnen kennt den typischen »Pechvogel«. Was immer er anfasst, es gelingt nicht.

Irgendwann hat er vielleicht einmal Pech gehabt. Dieses Erlebnis des Misserfolges hat sich seinem Unterbewusstsein so tief eingeprägt, dass der Pechvogel bei jedem Unternehmen sich schon vorher vorstellt, wie es wieder schief gehen wird. Er programmiert sich geradezu auf den Misserfolg ein und erreicht dadurch, dass er wirklich Misserfolg hat. Das wird ihn weiter in seiner Meinung bestätigen, dass er eben ein Pechvogel sei.

Wie man aber durch ein Erlebnis des Misserfolges lernen kann, erfolglos zu sein, so kann man durch positive Erfolgserlebnisse lernen, erfolgreich zu sein. Verwandeln Sie jeden Tag Ihre negativen Erfahrungen durch »Umdenken« in positive Erfolgserlebnisse, und der Erfolg bleibt nicht aus.

Denken Sie daran, dass jeder gern mit einem frohen und heiteren Menschen zusammen ist, und werden Sie ein solcher Mensch, dessen Gesellschaft andere suchen. Das erreichen Sie nur, wenn Sie mit sich und Ihrer Umwelt in Harmonie leben. Das wiederum erreichen Sie durch positive Gedanken und Geisteshygiene.

5. Wie man sich von jeder Sucht befreit

Sofort Nichtraucher

Ein Spaßvogel hat einmal gesagt: »Mit dem Rauchen aufzuhören ist ganz einfach, ich selbst habe es schon mehr als hundert Mal getan.«

Vielen meiner Patienten geht es ähnlich. Sie nehmen sich immer wieder einmal vor, das Rauchen endgültig aufzugeben. Das geht dann auch bisweilen einige Tage gut, bis eine anstrengende Konferenz oder eine andere Stresssituation alle guten Vorsätze wieder über den Haufen wirft. Fast jeder Patient, der zu mir kommt, um sich das Rauchen abgewöhnen zu lassen, berichtet von ähnlichen Versuchen.

Ein typischer Fall

Umprogrammierung zum Nichtraucher

Ein solcher war Dr. Schubert (Name ist geändert), Verkaufsdirektor in einem großen Düsseldorfer Konzern. Auch er hatte eine ganze Reihe vergeblicher Versuche hinter sich, das Rauchen aufzugeben. Doch nun war die Situation kritisch geworden. Er hatte sich einer schwierigen Operation unterziehen müssen, bei der ein Teil des Magens entfernt worden war. Natürlich hatten ihm die Ärzte gesagt, dass er auf keinen Fall rauchen dürfe, weil dies zu lebensbedrohenden Komplikationen führen könne. Trotzdem war es ihm nicht gelungen, seiner Sucht Herr zu werden. Aus dem Krankenhaus hatte er mich angerufen, da er trotz dieser Warnung sofort nach der Operation wieder geraucht hatte, was auch prompt zu Komplikationen führte.

Hier war keine Zeit zu verlieren. Deshalb schlug ich vor, das Rauchverlangen durch Hypnose zu blockieren, was er dankbar begrüßte. Wie zu erwarten war, stieß die Einleitung der Hypnose auf einige Schwierigkeiten, da er starke Schmerzen hatte und sich daher nicht entspannen konnte. Nachdem der behandelnde Arzt ihm aber eine schmerzstillende Spritze gegeben hatte, konnte ich die Hypnose ohne Schwierigkeiten durchführen. Sobald er aus dem Krankenhaus entlassen war, besuchte er einen meiner Kurse für *Psychokybernetik* und lernte, wie man sich selbst zum Nichtraucher umprogrammieren kann.

Wie wurde man Raucher?

Sicher können Sie sich noch an Ihre erste Zigarette erinnern. Gleichgültig ob Sie damals achtzehn, fünfzehn oder gar zwölf Jahre alt waren, es war sicher kein reiner Genuss. Sie mussten husten, die Augen tränten, und Sie spürten ein flaues Gefühl im Magen. Das ist ganz normal, denn unser Organismus hat einen natürlichen Abwehrmechanismus gegen das Gift Nikotin. Jeder von uns hat wohl irgendwann einmal eine Zigarette geraucht und diesen Abwehrmechanismus zu spüren bekommen. Viele haben nach dieser schlechten Erfahrung den Versuch gar nicht mehr wiederholt und sind Nichtraucher geblieben. Aber die

Ein natürlicher Abwehrmechanismus

anderen haben nicht locker gelassen; schließlich rauchte ja der Freund auch, und scheinbar sogar mit Genuss.

Gewohnheits- und Suchtraucher

So haben Sie es immer wieder versucht und allmählich diesen natürlichen Abwehrmechanismus überwunden. Der Körper begann sich an das Rauchen zu gewöhnen. Es begann Spaß zu machen, und nach einiger Gewöhnung verlangte der Organismus sogar nach dem erregenden Gift Nikotin. Ohne dass Sie es merkten, sind Sie süchtig geworden. Nur ganz wenige Raucher werden von dieser Sucht nicht erfasst und bleiben Gewohnheitsraucher, die das Rauchen jederzeit ohne Schwierigkeiten aufgeben können, obwohl sie bis dahin vielleicht zwanzig oder mehr Zigaretten pro Tag geraucht haben. Die meisten Raucher aber sind der Sucht verfallen, sie wollen das Rauchen gar nicht mehr aufgeben; denn ihr Körper braucht inzwischen die Anregung durch das Gift Nikotin.

Warum raucht man eigentlich?

Wie es zur ersten Zigarette kommt, wissen wir alle. Irgendwann wird die Versuchung an uns herangetragen. Ein Freund raucht bereits und bietet uns eine Zigarette an. Die Neugierde dürfte wohl die Ursache dafür sein, dass wir nicht Nein sagen, sondern wissen wollen, was da eigentlich so Aufregendes daran ist. Dann wollen wir uns und unseren Freunden nicht eingestehen, dass uns die ersten Zigaretten überhaupt nicht schmecken, ja dass uns davon übel wird. Aber wir versuchen es immer wieder, bis wir uns daran gewöhnt haben. Vielleicht wollen wir damit vor allem auch demonstrieren, dass wir nun erwachsen sind.

Nikotin als Mittel der Beruhigung und Anregung

Warum aber raucht man, wenn man erwachsen ist? Jeder von uns kennt doch die Gefahren: Lungenkrebs, Angina Pectoris, Raucherbein usw. Trotzdem vermag uns das aber nicht genügend abzuschrecken, und es wird immer weitergeraucht. Nun, die meisten von uns stehen fast ständig unter Stress, und Nikotin beruhigt – wenigstens für kurze Zeit. Wer kennt nicht die Situation, wie sich jemand nach einem leichten Autounfall, der eben noch einmal gut ausgegangen ist, mit noch zittrigen Händen eine »Beruhigungszigarette« anzündet. Oder wie ein anderer vor einer Prüfung mit einer Zigarette seine Erwartungsspannung dämpft und seine flatternden Nerven beruhigt.

Nikotin wirkt jedoch auch anregend. Wer oft in der Nacht geistig tätig sein muss, der weiß, wie eine Zigarette den »toten Punkt« überwinden hilft. Aber zahlen wir nicht einen viel zu hohen Preis für diese kleine Hilfe, die ohnehin nur für einen Augenblick vorhält? Sicher gibt es auch immer wieder mal den achtzigjährigen Opa, der sein Leben lang geraucht hat und immer kerngesund geblieben ist. Das aber sind die seltenen Ausnahmen.

Tatsächlich scheinen einige wenige Menschen immun zu sein gegen das Gift Nikotin. Können Sie hoffen, eine dieser wenigen Ausnahmen zu sein? Voraussetzung hierfür dürfte ein glückliches Zusammentreffen von Erbfaktoren und günstigen Umwelteinflüssen sein, das zu einer so eisernen Gesundheit führt, dass solche Menschen trotz Nikotin gesund bleiben. Leider sind diese Voraussetzungen gerade in der heutigen Zeit kaum noch gegeben.

Die Schädlichkeit des Rauchens

Inzwischen gibt es nikotinfreie Zigaretten. Aber auch die kann man nicht bedenkenlos rauchen, denn auch die beim Rauchen entstehenden Ruß- und Teerstoffe sind in hohem Maß gesundheitsschädlich. Dabei machen wir uns kaum eine Vorstellung, in welcher Menge wir diese Stoffe einatmen.

Wenn Sie dreißig Jahre lang täglich nur zehn Zigaretten rauchen, erzeugen Sie dabei etwas mehr als zehn Pfund Teer, wovon ein beachtlicher Teil in der Lunge abgelagert wird. Wen wundert es dann noch, dass die amerikanische Krebsgesellschaft bei einem Test, der sich auf 180 000 Männer im Alter von 50 bis 75 Jahren bezog, zu dem Ergebnis gekommen ist, dass starke Raucher 64-mal häufiger an Lungenkrebs sterben als Nichtraucher.

Auf 100 000 Personen

kamen Todesfälle an Lungenkrebs:	415
Davon waren Nichtraucher:	3
Raucher bis fünf Zigaretten pro Tag:	51
Raucher bis 20 Zigaretten pro Tag:	144
Raucher mit mehr als 20 Zigaretten pro Tag:	217

(Die vorstehenden Angaben wurden dem Buch *Wie komme ich von der Zigarette los* von Max Henke, Bruno-Wilkens-Verlag, Hannover, entnommen.)

Unter diesen Umständen ist es eigentlich erstaunlich, dass das Rauchen noch erlaubt ist. Sicher aber sollte jeder verantwortungsbewusste Mensch für sich die Entscheidung treffen, ab sofort nicht mehr zu rauchen. Wie aber?

Wie gewöhnt man sich das Rauchen ab?

Der erste Schritt ist Ihr Entschluss

Fassen Sie zunächst einmal den ernst gemeinten Entschluss, nicht mehr zu rauchen!

Der Entschluss muss immer der erste Schritt sein. Sobald Sie aus tiefstem Herzen den Wunsch haben, ab sofort nicht mehr zu rauchen, werden Sie es auch schaffen, ohne Zigaretten auszukommen. Dazu gibt es eine ganze Reihe von »Hilfen«, die Sie ruhig nutzen sollten.

30 goldene Regeln, um Nichtraucher zu werden

Gewöhnen Sie sich an, sobald Sie das Verlangen nach einer Zigarette spüren, ein Salmiakbonbon zu lutschen. So tun Sie Ihrem Magen noch etwas Gutes, denn echter Salmiak (aus der Apotheke) beruhigt den Magen, beugt der Entstehung von Magengeschwüren vor und lässt bereits bestehende Magengeschwüre schneller abheilen. Sie können aber auch Ihre Angewohnheiten systematisch ändern, indem Sie sich folgende Hilfen zur ständigen Gewohnheit werden lassen:

1. Rauchen Sie nicht mehr im Bett, weder morgens noch abends.
2. Gewöhnen Sie sich an, die erste Zigarette nach dem Frühstück zu rauchen.
3. Kaufen Sie sich nie mehr als eine Schachtel auf einmal.
4. Kaufen Sie sich auf keinen Fall Ihre Lieblingsmarke, sondern eine, die Sie nicht besonders mögen.
5. Rauchen Sie grundsätzlich nur noch Zigaretten mit Filter.
6. Wenn Ihnen eine Zigarette angeboten wird, lehnen Sie sie grundsätzlich ab.
7. Lassen Sie die Schachtel nicht griffbereit liegen, sondern legen Sie sie jedes Mal wieder weg.

8. Wenn Sie selbst keine Zigarette mehr haben, warten Sie, bis Sie sich wieder welche kaufen können. Auf keinen Fall lassen Sie sich von einem Kollegen aushelfen.
9. Wenn die Packung leer ist, kaufen Sie eine andere Marke.
10. Gewöhnen Sie sich an, nicht mehr auf der Straße zu rauchen.
11. Rauchen Sie nicht mehr, nur weil Sie Hunger haben, sondern essen Sie Obst oder lutschen Sie eine Salmiakpastille.
12. Machen Sie immer nur einen Zug. Legen Sie dann die Zigarette stets aus der Hand.
13. Rauchen Sie nicht mehr, wenn Sie auf das Essen warten.
14. Gewöhnen Sie sich an, jede Zigarette nur noch bis zur Hälfte zu rauchen.
15. Sobald Sie das Verlangen spüren, sich eine neue Zigarette anzuzünden, warten Sie noch fünf oder zehn Minuten.
16. Lassen Sie Ihr Feuerzeug oder Ihre Streichhölzer grundsätzlich zu Hause, damit Sie bei jeder Zigarette jemanden um Feuer bitten müssen.
17. Machen Sie es sich zur Angewohnheit, im Auto grundsätzlich nicht mehr zu rauchen.
18. Nach dem Essen stecken Sie sich nicht sofort eine Zigarette an, sondern Sie beginnen sofort mit einer anderen Tätigkeit.
19. Rauchen Sie nicht mehr, um die Wartezeit zu überbrücken, wenn Sie auf einen Anruf oder einen Besucher warten.
20. Rauchen Sie in Gesellschaft nur noch eine Zigarette pro Stunde.
21. Nach jedem Zug drücken Sie Ihre Zigarette aus und zünden Sie sie bei Bedarf neu an.

22. Versuchen Sie, beim Rauchen nicht mehr zu inhalieren, höchstens bei jeder Zigarette noch einmal.
23. Während Sie rauchen, sollten Sie sich mit nichts anderem beschäftigen.
24. Rauchen Sie grundsätzlich nicht mehr, wenn Sie mit jemandem im Gespräch sind.
25. Rauchen Sie nicht mehr, wenn andere in Ihrer Gegenwart rauchen.
26. Rauchen Sie vormittags überhaupt nicht mehr.
27. Rauchen Sie nicht mehr während der Arbeitszeit.
28. Rauchen Sie nicht mehr beim Fernsehen.
29. Rauchen Sie nur noch eine Zigarette pro Tag.
30. Verzichten Sie auf die letzte Zigarette, und Sie sind Nichtraucher.

Wenn Sie nach diesem Plan Ihre Angewohnheiten allmählich ändern, weil Sie wirklich den Wunsch haben, nicht mehr zu rauchen, dürfte es Ihnen eigentlich nicht schwer fallen. Achten Sie zusätzlich auf das richtige »Timing«. Beginnen Sie mit der Änderung Ihrer Gewohnheit, wenn Sie sich ohnehin umstellen müssen, also im Urlaub oder bei einem Krankenhausaufenthalt, nach einem Umzug oder nach einem Wechsel des Arbeitsplatzes.

Nutzen Sie die Möglichkeit der Psychokybernetik

Das ist Ihre stärkste Waffe im Kampf gegen die Gewohnheit zu rauchen. Bereiten Sie sich auf diese Änderung Ihrer Angewohnheiten gründlich vor, indem Sie sich in Ihrem *geistigen Entspannungsort* immer wieder bildhaft vorstellen, wie Sie in Zukunft ohne Zigarette

In Zukunft ohne Zigarette

Ihre Arbeit noch besser machen, wie Sie beim Sport oder beim Wandern besser Luft bekommen und freier atmen können, wie Ihre Frau sich darüber freut, dass Sie nun nicht mehr rauchen, und wie sich Ihre Gesundheit von Tag zu Tag mehr festigt und Sie sich frisch und glücklich fühlen. Wenn Sie sich so einige Tage vorbereitet haben und Ihrem Unterbewusstsein bildhaft mitgeteilt haben, was Sie erreichen wollen, dann beginnen Sie mit der Anwendung der

Tafeltechnik

Begeben Sie sich zunächst mit den Zahlen 7 bis 1 und den entsprechenden Farben an Ihren *geistigen Entspannungsort.* Dort gehen Sie zu dem Platz, wo Sie Ihre beiden Tafeln aufgestellt haben.

Schreiben Sie nun auf die Tafel mit dem schwarzen Rand die negativen Auswirkungen Ihrer Raucherei, zum Beispiel:

Die schwarze Tafel der Abscheu

- Ich bin oft heiser.
- Ich muss ständig husten.
- Ich habe bisweilen Herzbeschwerden.
- Meine sportlichen Leistungen haben stark nachgelassen.
- Ich kann nachts nicht mehr gut schlafen.
- Ich bin morgens noch ganz müde.
- Ich habe immer einen schlechten Geschmack im Mund.

Schreiben Sie dies alles ganz langsam und deutlich auf die Tafel mit dem schwarzen Rand. Treten Sie ein paar Schritte zurück, und lesen Sie noch einmal, was Sie geschrieben haben.

Je stärker der Wunsch, desto besser der Erfolg

Während Sie dies lesen, richten Sie Ihre ganze Abneigung und Ihre Abscheu darauf. Zertrümmern Sie dann voller Wut die ganze

Tafel. Zerstören Sie die Tafel völlig und treten Sie die letzten Stücke noch voll Zorn in den Boden. Das ist ganz wichtig, weil die Stärke Ihrer Gefühle bestimmt, wie tief sich dieses Bild Ihrem Unterbewusstsein einprägt. Je stärker Ihr Gefühl ist, desto tiefer prägt sich Ihr Wunsch in Ihr Unterbewusstsein ein, und desto schneller werden Sie Erfolg haben.

Die weiße Tafel der Freude

Wenn Sie die Tafel restlos zerstört haben, lassen Sie Ihren Zorn wieder abkühlen und wenden sich nun der Tafel mit dem weißen Rand zu. Schreiben Sie auf diese Tafel nun langsam und deutlich alle positiven Auswirkungen der Tatsache, dass Sie nun nicht mehr rauchen, zum Beispiel:

- Ich habe nun wieder eine klare Stimme und bin nicht mehr heiser.
- Mein Husten verschwindet völlig und kommt nicht mehr wieder.
- Mein Herz schlägt stark und ruhig.
- Meine sportlichen Leistungen werden von Tag zu Tag wieder besser.
- Sobald ich ins Bett gehe, schlafe ich sofort ganz tief und fest. Ich schlafe die ganze Nacht durch und erwache morgens frisch und gesund.
- Ich habe stets einen frischen Geschmack im Mund, und mir geht es von Tag zu Tag besser.

Mit Freude zum Etappenziel

Nun treten Sie wieder ein paar Schritte zurück, und Sie lesen einige Male, was Sie geschrieben haben. Richten Sie dabei ein starkes Gefühl der Liebe und Zuneigung auf das, was Sie geschrieben haben. Sie spüren, wie dieses Gefühl immer stärker wird. Lesen Sie so lange, bis dieses Gefühl ganz stark geworden ist und Sie Ihr neues Verhalten bildhaft vor sich sehen. Prägen Sie sich dann diese Bilder ganz tief ein und stellen Sie sich mit einem starken Gefühl der Freude vor, das Ziel sei schon erreicht. Empfinden Sie ein Gefühl des Dankes dafür, dass Sie Ihr Ziel erreicht haben. Auch wenn Sie nach einem oder mehreren Tagen nicht mehr rauchen, setzen Sie auf jeden Fall Ihre Bemühungen fort.

Die 21-Tage-Technik

Wenn Sie sich mit Hilfe der Tafeltechnik von Ihrer Rauchsucht befreit haben, dann müssen Sie Ihr neu erworbenes Verhalten auch noch dauerhaft festigen. Es genügen hierzu 21 Tage, wenn diese Wiederholung unmittelbar vor dem Einschlafen und unmittelbar nach dem Aufwachen erfolgt.

Gesund und zufrieden ohne Nikotin

Wenn Sie abends spät zu Bett gehen, verhalten Sie sich so, dass Sie nach Anwendung der Technik gleich einschlafen können. Vergessen Sie auch nicht, vorher das Licht auszumachen. Warten Sie nun, bis Sie innerlich vollkommen ruhig geworden sind und Sie eine angenehme Müdigkeit verspüren. Dann begeben Sie sich wieder mit den Zahlen 7 bis 1 und den entsprechenden Farben in Ihren geistigen Entspannungsort. Dort benützen Sie nur noch die Tafel mit dem weißen Rand und notieren sich wieder die positiven Auswirkungen der Tatsache, dass Sie nun nicht mehr rauchen. Vermeiden Sie es auf jeden Fall, sich noch einmal die Tafel mit dem schwarzen Rand vorzustellen.

Wichtig ist, dass Sie mit dem Bild Ihres neuerworbenen positiven Verhältnisses einschlafen. Diese bildhafte Vorstellung muss abends Ihr letzter und morgens Ihr erster Gedanke sein. Auf diese Weise prägt sich die Vorstellung Ihrem Unterbewusstsein so tief ein, dass 21 Tage genügen, ein schädliches Verhalten zu ändern, das Sie sich in vielen Jahren zugelegt haben.

In diesen 21 Tagen sollte Ihr Unterbewusstsein stets nur ein Ziel kennen: das Ziel, nicht mehr zu rauchen und ein gesunder und zufriedener Nichtraucher zu sein und zu bleiben.

Nie mehr Alkohol

Notwendige Klarstellungen

Nachdem man jahrhundertelang den Alkoholismus als eine moralische Schwäche angesehen hat, ist Alkoholismus nach der heutigen medizinischen Ansicht eine Krankheit. Man kann diese Krankheit zwar zum Stillstand bringen, sodass der Alkoholiker ein ganz normales Leben führen kann, aber man kann sie niemals heilen. Ein Alkoholiker bleibt, auch wenn er zehn Jahre keinen Tropfen mehr angerührt hat, Alkoholiker! Lässt er sich irgendwann einmal dazu verleiten, auch nur einen Schluck Alkohol zu trinken, bricht die Sucht wieder durch.

Der Unterschied zwischen Trinker und Alkoholiker

Doch auch hier müssen wir wieder unterscheiden zwischen dem Trinker und dem Alkoholiker. Jemand kann täglich betrunken sein und braucht deswegen nicht unbedingt Alkoholiker zu sein. Vielleicht hat er nur ein Problem, mit dem er nicht zurechtkommt und das er nicht zu lösen vermag. So flieht er in den

Rausch. Ich frage meine Alkoholiker-Patienten immer zuerst, »gegen was« sie trinken. Manche trinken gegen Langeweile, Einsamkeit, Monotonie ihres Lebens, Nervosität oder einfach gegen die Aussichtslosigkeit ihrer Situation. Der Alkohol hilft ihnen für eine Weile, ihre Probleme zu vergessen.

Aber der Alkohol löst keine Probleme; denn wenn der Rausch verflogen ist, steht das Problem noch immer ungelöst vor ihnen.

Die Gefahr an der unsichtbaren Grenze

Darüber hinaus besteht beim Trinker stets die Gefahr, dass er eines Tages die unsichtbare Grenze überschreitet und zum Alkoholiker wird. Der Trinker kann jederzeit das Trinken lassen. Viele glauben das von sich, merken jedoch nicht, dass sie längst zu Alkoholikern geworden sind. Obgleich das Problem, das sie einst zum Trinken veranlasst hat, gelöst ist, finden sie immer neue Gründe, um weiter zu trinken. Das bringt natürlich Ärger mit der Familie, mit dem Arbeitgeber, mit den Behörden, mit Dritten. Dieser Arger ist dann ein neuer Grund, wieder zu trinken.

Zunächst keinerlei Hilfe

Es ist sehr schwierig, sich aus diesem Teufelskreis zu befreien. Eine der wichtigsten Hilfen für den Alkoholiker besteht einfach darin, ihm nicht zu helfen. Auch wenn es schwer fallen mag, sollten sich die Eltern, Ehefrau oder Freunde vor Augen halten, dass der Alkoholiker, solange noch jemand da ist, der ihn vor den Folgen seines Trinkens schützt und die dadurch entstehenden Schwierigkeiten beiseite räumt, kaum die erforderliche Initiative aufbringen wird, sich selbst um eine Lösung zu bemühen.

Erst die Krise des absoluten seelischen Tiefpunktes kann der Auslöser sein, das eigene Schicksal wieder selbst in die

Hand zu nehmen. Eine dauerhafte Hilfe ist jedoch nur möglich, wenn dann auch gleichzeitig das Problem gelöst wird, das die Flucht in den Alkohol ausgelöst hat.

Er fand keinen Ausweg

Herr Schlösser, Prokurist einer Baugroßhandlung, war seit 28 Jahren bei seiner Firma tätig. Da der Inhaber und Geschäftsführer seit langem krank war, leitete Herr Schlösser praktisch die Firma allein. Er machte seine Aufgabe sehr gut, und der Umsatz der Firma stieg – trotz mancher Flaute – ständig. Aber der damit verbundene Stress hatte zur Folge, dass er öfter einmal zur Flasche griff, um »abschalten« zu können. Das führte dazu, dass auch seine Ehe zu kriseln begann. Je schlechter sie aber wurde, desto öfter und mehr trank er. Und je öfter er trank, desto schlechter wurde seine Ehe. Aus diesem Teufelskreis fand er keinen Ausweg.

So kam es, dass Herr Schlösser jeden Monat drei bis vier Tage nicht zur Arbeit kommen konnte, weil er seinen Rausch ausschlafen musste. Der Firmeninhaber sah darüber hinweg, denn er wusste seine Firma trotzdem in guten Händen.

Der Teufelskreis von Stress und Alkohol

Das änderte sich jedoch, als der Sohn die Firma übernahm. Er hatte nie Verständnis für die Großzügigkeit seines Vaters gehabt. Als Herr Schlösser wieder einmal nicht zur Arbeit kam, erhielt er die Kündigung. In dieser Situation erfuhr er von den Möglichkeiten der Psychokybernetik. Wie ein Ertrinkender klammerte er sich an diese Chance, um seine verfahrene Situation doch noch zu retten. Tatsächlich gelang es ihm, seine Sucht in den Griff zu bekommen und nicht mehr zu trinken.

Um diese positive Einstellung dauerhaft zu festigen, habe ich ihm noch eine anschließende Hypnosebehandlung vorgeschlagen, die wir in den folgenden Wochen auch durchgeführt haben. Nach vierzehn Sitzungen hatten wir beide das sichere Gefühl, die Sucht endgültig besiegt zu haben.

Später habe ich dann erfahren, dass der neue Chef die Kündigung noch vor Ablauf der Kündigungsfrist zurückgenommen hatte und dass Herr Schlösser heute gut mit ihm zusammenarbeitet. Weil nun auch die Verantwortung von seinen Schultern genommen war, gab es für ihn auch keinen Grund mehr für die Flucht aus der Wirklichkeit. Gleichzeitig lösten sich die Spannungen in seiner Ehe.

Das liegt nun schon zwei Jahre zurück, und Herr Schlösser hat nie mehr auch nur einen Tropfen Alkohol getrunken. Trotzdem bleibt nicht auszuschließen, dass Herr Schlösser Alkoholiker ist.

Der Alkoholikertest

Entscheidende Fragen

Die Klinik der Universität John Hopkins, Baltimore, hat einen Fragebogen entwickelt, mit dessen Hilfe ermittelt werden sollte, ob jemand Alkoholiker ist.

Wenn Sie sich einmal testen wollen, so beantworten Sie bitte die folgenden Fragen so ehrlich wie möglich:

1. Hat das Trinken zur Folge, dass Sie Ihrer Arbeit fernbleiben?
2. Macht das Trinken Ihre Familie unglücklich?
3. Trinken Sie, weil Sie sich nicht mit den Menschen vertragen können?
4. Trinken Sie so viel, dass Ihr guter Ruf in Mitleidenschaft gezogen wird?

5. Haben Sie nach dem Trinken schon einmal Gewissensbisse empfunden?
6. Sind Sie durch Ihr Trinken schon einmal in finanzielle Schwierigkeiten geraten?
7. Verkehren Sie in schlechter Gesellschaft und geraten Sie in ein niedriges Milieu, wenn Sie trinken?
8. Vernachlässigen Sie durch das Trinken das Wohl Ihrer Familie?
9. Haben Sie keinen Ehrgeiz mehr, sobald Sie trinken?
10. Werden Sie von dem Wunsch verfolgt, zu gewissen Tageszeiten zu trinken?
11. Trinken Sie gern ein Glas am nächsten Morgen?
12. Schlafen Sie schlecht, wenn Sie trinken?
13. Lassen Ihre Geisteskräfte nach, wenn Sie trinken?
14. Bedroht das Trinken Ihre Stellung oder Ihr Geschäft?
15. Trinken Sie, um Ärger oder Unannehmlichkeiten zu vergessen?
16. Trinken Sie allein?
17. Haben Sie schon einmal Gedächtnisschwund erlitten, wenn Sie trinken?
18. Sind Sie schon einmal wegen Alkoholismus in ärztlicher Behandlung gewesen?
19. Trinken Sie, um Ihr Selbstbewusstsein zu stärken?
20. Haben Sie sich schon einmal wegen Trunksucht in einer Klinik oder in einem Entziehungsheim befunden?

Wenn Sie eine von diesen Fragen bejahen mussten, dann besteht der Verdacht, Sie könnten Alkoholiker sein.

Wenn Sie zwei von diesen Fragen bejahen, dann ist es nicht unwahrscheinlich, dass Sie Alkoholiker sind.

Wenn Sie drei oder mehr Fragen bejaht haben, dann sind Sie zweifellos Alkoholiker.

Den eigenen Kräften und Fähigkeiten vertrauen

Doch auch wenn Sie sich eingestehen müssen, dass Sie Alkoholiker sind, ist das kein Grund zur Verzweiflung (und zu einem neuen Rausch). Nehmen Sie Ihr Schicksal in Ihre eigenen Hände und beginnen Sie es umzuformen. Sie haben es jederzeit in der Hand, auch ein scheinbar aussichtsloses Dasein wieder interessant und lebenswert zu gestalten – vorausgesetzt, Sie vertrauen endlich Ihren eigenen Kräften und Fähigkeiten.

Sicher ist aller Anfang schwer, aber es ist möglich. Andere haben es vor Ihnen geschafft und damit bewiesen, dass es geht. Warum also sollten nicht auch Sie es schaffen können?

Was kann man tun?

Um diese Krankheit zu besiegen, müssen Sie zunächst den ernsthaften Wunsch haben, mit dem Trinken aufzuhören. Selbsterkenntnis ist der erste Schritt zur Besserung. Prüfen Sie sich ehrlich, ob Sie Trinker oder Alkoholiker sind.

Problemlösung bei Trinkern

Haben Sie in einer ehrlichen Selbstprüfung festgestellt, dass Sie jederzeit das Trinken lassen können, also nur trinken, weil Sie derzeit mit dem Leben oder einem Problem nicht zurechtkommen, dann kann Ihnen die Psychokybernetik helfen, Ihr Problem zu lösen. Hier ist allerdings die Tafeltechnik in zwei Stufen einzusetzen.

Tafeltechnik Stufe I

Sie begeben sich wieder mit den Zahlen 7 bis 1 und den entsprechenden Farben an Ihren geistigen Entspannungsort.

Vorher vergewissern Sie sich, dass Sie nun einige Zeit ungestört sind. Sie warten, bis Sie die für die Meditation erforderliche innere Ruhe gefunden haben. Sobald Sie an Ihrem geistigen Entspannungsort angekommen sind, begeben Sie sich zu dem Platz, wo Sie die beiden Tafeln aufgestellt haben. Nun schreiben Sie wieder auf die Tafel mit dem schwarzen Rand Ihre Probleme in allen Einzelheiten. Lesen Sie dann alles mehrere Male langsam durch und stellen Sie sich dann vor, dass am nächsten Tag die Lösung Ihres Problems auf der anderen Tafel mit dem weißen Rand steht.

Das Problem genau kennen

Diese Art der Problemlösung wende ich stets abends vor dem Einschlafen an und stelle mir vor, dass ich beim Aufwachen die Lösung auf der Tafel mit dem weißen Rand finde. Sollten mehrere Lösungen möglich sein, erwarte ich am nächsten Morgen mehrere Lösungsvorschläge auf der Tafel mit dem weißen Rand.

Habe ich so am nächsten Morgen mehrere Lösungsvorschläge erhalten und kann mich nicht für einen entscheiden, dann drehe ich das Verfahren um, notiere abends die Lösungsvorschläge auf der Tafel mit dem schwarzen Rand und stellte mir vor, dass am nächsten Morgen der beste Vorschlag auf der Tafel mit dem weißen Rand steht. Von dieser Art der Problemlösung bin ich noch nie enttäuscht worden. Ich kann sicher sein, beim Erwachen vor mir auf der Tafel mit dem weißen Rand die gewünschte Lösung zu finden.

Manchmal muss ich allerdings auch hier ein Problem zunächst in mehrere Teilprobleme zerlegen, bevor ich eine brauchbare Lösung erhalte. Sie werden sehen, dass auch Sie Ihre persönlichen Probleme auf diese Art lösen werden und können sich bald nicht mehr vorstellen, wie Sie bisher ohne diesen Weg ausgekommen sind. Denken Sie aber bitte immer daran, dass auch der Erfolg – wie alles im Leben – seinen Preis hat. In diesem Fall genügt es nicht, ein Problem zu haben, sondern Sie müssen auch den starken Wunsch haben, dieses Problem zu lösen.

Starke Wünsche haben

Schwache Wunsche bringen schwache Lösungen, starke Wünsche bringen auch starke Ergebnisse. Wenn Sie den starken Wunsch haben, ein Problem zu losen, werden Sie auch die erforderliche Energie aufbringen, die Techniken regelmäßig anzuwenden. Der Erfolg ist Ihnen sicher. Nun genügt es auch nicht, die Lösung Ihres Problems zu kennen. Sie müssen diese auch anwenden und durchführen, dann erst ist Ihr Problem wirklich gelöst.

Tafeltechnik Stufe II

Wieder begeben Sie sich an einen möglichst ruhigen Ort und sorgen dafür, dass Sie einige Zeit nicht gestört werden. Mit den Zahlen 7 bis 1 und den entsprechenden Farben begeben Sie sich an Ihren geistigen Entspannungsort und dort wieder zu dem Platz, wo Ihre beiden Tafeln stehen.

Beseitigung der Auswirkung nach der Problemlösung

Nachdem Sie nun den ursprünglichen Grund für das Trinken gesucht, gefunden und beseitigt haben, wollen Sie nun auch die Auswirkung des Problems, nämlich das Trinken selbst, beseitigen. Hierzu schreiben Sie wieder alle negativen Auswirkungen des Trinkens auf die Tafel mit dem schwarzen Rand, zum Beispiel:

- Das Trinken zerstört meine Gesundheit.
- Das Trinken zerstört mein Familienleben.
- Durch das Trinken gefährde ich meine berufliche Existenz.
- Durch das Trinken verliere ich meine Freunde.
- Das Trinken löst keine Probleme, sondern lässt diese nur noch größer werden.
- Durch das Trinken verliere ich die Achtung vor mir selbst.

Wieder lesen Sie dann mehrmals durch, was Sie geschrieben haben, und zerstören mit immer größer werdendem Zorn die Tafel.

Vergegenwärtigung der positiven Auswirkungen

Nun wenden Sie sich der Tafel mit dem weißen Rand zu und notieren in allen Einzelheiten die positiven Auswirkungen der Tatsache, dass Sie von nun an nicht mehr trinken, zum Beispiel:

- Meine Gesundheit festigt sich von Tag zu Tag.
- Das Verhältnis zu meiner Familie wird immer besser.
- Ich habe wieder beruflichen Erfolg.
- Ich gewinne neue Freunde.
- Ich löse meine Probleme und befreie mich dadurch von dieser Belastung.
- Ich habe Achtung vor mir selbst und freue mich, dass ich es geschafft habe.

Treten Sie wieder zurück und lesen Sie mehrmals, was Sie geschrieben haben. Richten Sie dabei ein ganz starkes Gefühl der Liebe und Zuneigung auf das, was Sie geschrieben haben. Sie spüren, wie dieses Gefühl immer stärker wird. Lesen Sie so lange, bis dieses Gefühl ganz stark geworden ist und Sie Ihr neues Verhalten und dessen positive Auswirkungen bildhaft vor sich sehen. Prägen Sie sich dann diese

Bilder ganz tief ein und stellen Sie sich mit einem starken Gefühl der Freude vor, dieses Ziel sei bereits erreicht.

Wenn Sie das mehrfach wiederholen, prägen sich diese Bilder immer tiefer Ihrem Unterbewusstsein ein und werden schließlich ein Teil Ihrer Persönlichkeit. Sie haben es geschafft!

Wenn Sie das Erreichte noch besser absichern möchten, lassen Sie sich von einem guten Hypnotherapeuten noch einige Male hypnotisieren. Gern teile ich Ihnen auf Anfrage einige Anschriften mit. Was aber ist zu tun, wenn Sie Alkoholiker sind?

Zwei Möglichkeiten für Alkoholiker

Hat Ihre ehrliche Selbstprüfung ergeben, dass es nicht mehr in Ihrer Macht steht, das Trinken jederzeit zu beenden, dass Sie also Alkoholiker sind, dann versuchen Sie trotzdem, sich mit Hilfe der Psychokybernetik davon zu befreien. Es könnte jedoch sein, dass Sie nicht mehr die erforderliche Energie aufbringen, um sich selbst zu helfen. In diesem Fall brauchen Sie fremde Hilfe. Hier gibt es zwei Möglichkeiten.

Entweder wenden Sie sich an die »anonymen Alkoholiker«. Für die Bundesrepublik erhalten Sie nähere Auskunft über das Internet unter www.anonyme-alkoholiker.de
oder über
Anonyme Alkoholiker Interessengemeinschaft e. V.
Gemeinsames Dienstbüro, Postfach 460227, 80910 München
Tel 089/316 95 00

Sie erfahren dann, dass auch in Ihrer Nähe eine Kontaktstelle besteht, und können sich mit dieser in Verbindung setzen. Niemand fragt dort nach Ihrem Namen, und Sie erhalten jede gewünschte Auskunft. Alle verbindet das gleiche Problem, aber viele haben es bereits geschafft und sind bereit, Ihnen zu helfen, damit Sie es ebenfalls schaffen.

Hypnotherapie In meiner Naturheilpraxis habe ich einige Erfahrungen mit Alkoholikern sammeln können. Ich habe festgestellt, dass die beste Hilfe eine Hypnosebehandlung ist, welche die zweite Möglichkeit darstellt. Auch der Vizepräsident der österreichischen Gesellschaft für ärztliche Hypnose erklärte bei einem Ärzteseminar vor 200 Ärzten, dass vor allem in Osteuropa mit dieser Methode bereits gute Ergebnisse erzielt worden sind.

Bei meinem Studienaufenthalt in Sofia hatte ich Gelegenheit, mit Therapeuten aus Leningrad, Prag, Johannesburg (Südafrika) und Toronto (Kanada) dieses Problem und die Erfahrungen mit der Hypnose zu erörtern. Wir haben unsere Erfahrungen in aller Offenheit ausgetauscht und sicher alle davon profitiert. Ich selbst habe mich in meiner Praxis auf Hypnose spezialisiert und damit selbst bei Rückfallalkoholikern, die bei normalen Behandlungsmethoden als »aufgegeben« angesehen wurden, beachtliche Erfolge erzielen können.

Kern einer solchen Behandlung ist der hypnotische Befehl, dass Alkohol ab sofort Ekel erregend sei und der Patient sich nach dem ersten Schluck übergeben müsse. Dadurch kann in den meisten Fällen eine so starke Sperre aufgebaut werden, dass der Alkoholiker gar nicht mehr dazu kommt, das verhängnisvolle »erste Glas« zu trinken, durch das der Teufelskreis der Sucht jeweils wieder in Gang gesetzt wird.

Wenn Sie sich einer Hypnosekur unterziehen wollen, bin ich auf Anfrage gern bereit, Ihnen die Anschriften geeigneter Hypnotherapeuten mitzuteilen. Wenn Sie es wirklich wünschen, werden wir einen Weg finden, auch Ihr Problem zu lösen

Frei von Drogensucht

Hier gelingt es nicht in jedem Fall, sich mit Hilfe der Psychokybernetik von seiner Sucht selbst zu befreien. Mitunter ist fremde Hilfe erforderlich.

So war es auch bei Iris. Sie war erst vierzehn Jahre alt gewesen, als sie Drogen zu nehmen begann. Bald spritzte sie alles, was sie bekommen konnte. Ihre Eltern waren recht vermögend und verwöhnten ihre einzige Tochter viel zu sehr. Sie hatte keinerlei Pflichten und auch nie gelernt, etwas Unangenehmes zu tun. Jahrelang hatte ihre Intelligenz genügt, mühelos recht gute Noten nach Hause zu bringen. Aber im letzten Jahr waren die Anforderungen schwieriger geworden. Intelligenz allein reichte nicht mehr aus, um durchzukommen. Außerdem machten sich die Auswirkungen der Drogensucht mehr und mehr bemerkbar. Schließlich war sie sitzen geblieben. Natürlich waren die »doofen Pauker« schuld, die es nicht verstanden, den Lehrstoff verständlich zu machen.

Bis dahin hatten weder Eltern noch Lehrer etwas davon gemerkt, dass sie Drogen nahm. Die Eltern ließen ihr Nachhilfeunterricht geben und schickten sie zu einem Lehrgang in

Psychokybernetik, um ihre Schulleistungen zu verbessern. Sie absolvierte diesen Lehrgang ohne Interesse und, wie sich bald zeigte, auch ohne Erfolg. Aber während des Lehrgangs fasste sie Vertrauen zu mir und schilderte mir ganz offen ihre Situation. Es war für sie vor allem deswegen schwierig, weil sie mit niemandem darüber sprechen konnte. So war sie richtig erleichtert, dass sie endlich einmal unbesorgt ihr Herz ausschütten und um Rat fragen konnte.

Da sie selbst weder die Kraft noch das Interesse aufbrachte, um die Psychokybernetik richtig und intensiv anzuwenden, wie es in ihrem Fall unbedingt erforderlich gewesen wäre, schlug ich ihr eine Hypnosebehandlung vor. Allerdings machte ich zur Bedingung, dass sie zuvor ihren Eltern ganz offen die Situation schildere, da sie ja noch minderjährig war und ich das Einverständnis der Eltern brauchte.

Beinahe wäre daran noch alles gescheitert, denn sie glaubte bei ihren Eltern kein Verständnis zu finden. Aber dann ließ sie sich doch überzeugen, es zu versuchen. Wie erwartet, waren die Eltern zunächst tief getroffen, dass ausgerechnet ihre Tochter so etwas getan haben sollte, aber dann waren sie doch recht verständnisvoll und wollten ihr nach Kräften helfen, mit dieser schwierigen Situation fertig zu werden.

Sie waren mit der vorgeschlagenen Hypnosebehandlung einverstanden und baten mich, möglichst bald damit zu beginnen.

Iris wurde eine geduldige Patientin und befolgte alle Anweisungen willig. Sie war jedoch ganz niedergeschlagen, als sie mir nach der ersten Behandlung berichten musste, dass sie doch wieder dem Verlangen erlegen war, auf einen »Trip«

Geduld und Ausdauer als Preis für den Erfolg

zu gehen. Ich tröstete sie und sagte ihr, ich hätte nicht erwarten können, dass sie nach einer einzigen Behandlung schon frei von ihrer Sucht sein würde. Allmählich ließ sie sich überzeugen, dass wir keine Geschenke erwarten können und alles seinen Preis hat. In diesem Fall war der Preis für den Erfolg Geduld und Ausdauer.

Nach diesem Gespräch machte die Behandlung gute Fortschritte, obwohl sie einen neuerlichen Rückfall hatte, als sie mit jener Gruppe zusammentraf, der sie den Kontakt zur Droge »verdankte«. Danach war sie bereit, wirklich intensiv mitzuarbeiten. Dabei half ihr besonders der Umstand, dass man in der Hypnose einen ähnlichen Rauschzustand erzeugen kann wie durch Drogen, allerdings ohne die schrecklichen Nachwirkungen.

Nach jeder Behandlung erzählte sie mir genau, was sie alles »erlebt« hatte. Allmählich begann sie sich auch wieder für ihre Schulleistungen zu interessieren. Wir bauten also Suggestionen zur Schulleistungssteigerung in unsere Behandlung ein. Und schon bald begannen sich die Noten deutlich zu bessern.

Dann kam der Tag, an dem ich ihr sagen konnte, dass sie mich nun nicht mehr brauche. In drei Monaten hatten wir 42 Hypnosesitzungen durchgeführt und die Sucht besiegt. Darüber hinaus hatte Iris gelernt, ihr Schicksal selbst in die Hand zu nehmen und mit Hilfe der Psychokybernetik nach ihren Wünschen zu gestalten.

Iris ist ein typisches Beispiel für die Gruppe der Hauptgefährdeten, der Jugendlichen bis zu 25 Jahren, die noch vorwiegend passiv und unsicher sind. William S. Burroughs, einer der bedeutendsten Drogenschriftsteller, hat es einmal so gesagt:

»Drogen stoßen immer in eine Lücke«

»Man wird süchtig, weil man keine anderen starken Interessen hat. Drogen stoßen immer in eine Lücke.«

Eine Studiengruppe hat kürzlich den Versuch einer Umfrage unternommen und kam dabei zu folgender Schätzung: In der Stadt sind es etwa 37 Prozent und auf dem Land etwa 17 Prozent in der Altersgruppe bis 25 Jahre, die Drogenerfahrung haben. Ein Drittel davon sind Mädchen.

Eine ganz andere Gruppe mit Drogenerfahrung findet man in der Altersgruppe der 30- bis 40-jährigen, die es beruflich »geschafft« haben und in der Droge das »andere« Erlebnis suchen. Hier sind es zwar vorwiegend Musiker, Maler, Grafiker und andere künstlerische Berufe, auch Ingenieure, Architekten usw., die in dem psychedelischen Erlebnis eine Art Autopsychoanalyse erleben oder doch auslösen wollen. Das Ergebnis ist natürlich stets an die sinnlichen und intellektuellen Fähigkeiten sowie an den sozialen Standort des Einzelnen gebunden. Die Künstler wiederum suchen nach der neuen Form, der Möglichkeit, Klänge, Farben und Formen einmal ganz anders zu erleben.

Der Schweizer Albert Hofmann, der 1943 das Lysergsäurediäthylamid (LSD) entdeckt hatte, berichtet wie folgt von seinem ersten Trip:

»Besonders auffallend war, dass alle Geräusche – zum Beispiel das Geräusch eines vorbeifahrenden Wagens – in visuelle Empfindungen umgesetzt wurden, sodass jeder Ton und jedes Geräusch ein dementsprechendes Bild erzeugten. Diese Bilder wechselten ständig Form und Farbe wie ein Kaleidoskop.«

Zwar kann sich nichts ereignen, was im Wesen des Drogeneinnehmers nicht vorhanden wäre, aber das »Vorhandene« tritt in wesentlich verstärkter Form, allerdings eventuell auch perspektivisch verzerrt auf.

Im Rausch werden die Sinneseindrücke intensiver

Der erste Kontakt zur Droge wird in der Mehrzahl der Fälle durch Haschisch oder Marihuana erfolgen. Hiervon kann man in den entsprechenden Kreisen ein Gramm für etwa drei Mark kaufen, was vier Personen zu einem mehrstündigen Rausch verhilft. Meist wird der Rauch inhaliert. Neuerdings nimmt man dies auch in Form von Tee oder Gebäck zu sich. Beim Rauchen jedoch lässt sich die wirksame Dosis am genauesten bestimmen, und die Wirkung ist schon nach wenigen Minuten spürbar. Coper und Hipius beschreiben sie so:

»Die von Haschischrauchern gewünschte psychische Wirkung besteht in einem Gefühl der Entspannung und des Abrückens von den Alltagsproblemen. Es kommt zu angenehm empfundener Apathie und milder Euphorie. Bisweilen ist häufiges Lachen und Kichern bei alberner Lustigkeit zu beobachten. Bei manchen Menschen ist der apathisierende Effekt geringer; es kann dann in Einzelfällen auch zu ängstlicher Unruhe oder aggressiver Gereiztheit kommen.

An die Stelle der Euphorie kann auch eine Verstimmung treten. Schwere panikartige Angstzustände und paranoides Wahnerleben sind sehr selten auftretende Komplikationen.

Die Denkabläufe werden subjektiv als assoziationsreich, fantasievoll und beglückend erlebt. Im Rausch werden Sinneswahrnehmungen intensiver; vor allem die Farben gewinnen an Leuchtkraft und Intensität. Das Zeiterleben wird im Sinn einer Verlangsamung der subjektiv registrierten Zeitabläufe verändert. Bei höheren Dosen kommt es dann zu illusionären Verkennungen, mitunter auch zu halluzinatorischen Trugwahrnehmungen.«

*Die wichtigsten Gruppen von Rauschmitteln**

1. *Aufputschmittel:*
   Diese werden auch Weckamine, Psychotonika oder Stimulanzia genannt. Es handelt sich um Amphetamine wie Benzedrin, Captogan, Pervitin, Perludin und Percoffedrinol.
2. *Beruhigungsmittel:*
   Barbiturate, Bromverbindungen und vor allem die Tranquilizer wie Valium, Librium und viele andere sedierende Mittel, die überall leicht zu bekommen sind.
3. *Cannabisprodukte:*
   Marihuana und Haschisch sind Pflanzenteile und Harz der indischen Hanfpflanze. Der Hauptwirkstoff ist das Tetrahydrocannabinol. Marihuana ist in der Wirkung milder als Haschisch.
4. *Halluzinogene:*
   Lysergsäurediäthylamid (LSD), Meskalin, Psilocybin, STP (für Serenety, Tranquillity, Peace), Kokain.

* Aus der Frankfurter Allgemeinen Zeitung vom 16. 2. 1971

5. *Opiate:*
   Hergestellt aus getrocknetem Saft der Mohnkapsel, heute jedoch auch synthetisch herstellbar. Opium, Morphium, Heroin, Eukodal, Metadon, Petidin, Romilar und Dolantin.
6. *Schnüffelstoffe:*
   Hier handelt es sich meistens um Dämpfe von Lösungsmitteln wie Äther, Aceton, Benzin, Benzol, Trichloräthylen (Tri) sowie Verdünnungsmittel für Farben und Klebstoffe.

Alle Drogen führen zu einer Veränderung der Persönlichkeitsstruktur

Jedermann sollte sich darüber im Klaren sein, dass absolut jede Einnahme von Drogen, gleich welcher Art und Qualität, zu einer Veränderung der Persönlichkeitsstruktur führt, auch wenn diese nicht immer sofort sichtbar wird. Nehmen wir nur einmal die Einstellung zum Beruf. Nach einer Schweizer Untersuchung sind 76 Prozent der befragten Drogenkonsumenten ohne Arbeit, weitere 8 Prozent gehen nur noch einer provisorischen Tätigkeit nach.

In vielen Fallen geht die Veränderung der Persönlichkeitsstruktur so weit, dass der Kontakt zur Wirklichkeit sich mehr und mehr einengt, bis er schließlich ganz verloren geht. In Berlin sprang ein Student im LSD-Rausch aus einem Fenster im vierten Stock. Er starb später im Krankenhaus, aber bis zu seinem Tod blieb er im Rauschzustand und erzählte seinem Arzt vorher immer wieder, dass er fliegen könne.

Auf der Konferenz »Sucht 74« legte Dr. Helmut Schenkluhn ein erstes Ergebnis der Erfahrungen mit dieser Behandlungsmethode bei Drogensüchtigen vor. Fast 60 Prozent der Haschischraucher, 78 Prozent der Opiatsüchtigen und 96 Prozent der Tablettensüchtigen, die Meditationskurse besuchten, sind innerhalb eines Jahres vom »Stoff« losgekommen. Ich habe in meiner Praxis ähnliche Erfahrungen gemacht, wobei der Erfolg bei den Haschischrauchern, die an meinem Kursus für Psychokybernetik teilgenommen haben, noch deutlich höher liegt. Alle haben nach der Teilnahme an einem solchen Kursus eine Steigerung der Lebensfreude und eine verstärkte Fähigkeit, Problemsituationen zu bewältigen, festgestellt.

Meditation gegen Sucht

Befreien auch Sie sich mit Hilfe der Psychokybernetik von der Drogensucht!

Wählen Sie sorgfältig den richtigen Zeitpunkt für Ihr Vorhaben, wobei der »Start aus der Krise« der sicherste Weg ist, um Ihre Sucht ein für alle Mal zu besiegen. Wenn Sie eine wichtige Arbeit »verbaut« haben, wenn Sie Ihre Arbeit verloren haben oder nach einem großen Krach in der Familie wegen Ihrer Drogensucht, wenn Sie also gerade so richtig »die Nase voll haben«, dann sollten Sie den festen Entschluss fassen, nun wirklich Schluss damit zu machen.

Mit der Tafeltechnik beginnen

Sorgen Sie wieder dafür, dass Sie einige Zeit ungestört sind, und begeben Sie sich dann mit den Zahlen 7 bis 1 und den entsprechenden Farben an Ihren geistigen Entspannungsort. Dort gehen Sie zu dem Platz, wo die beiden Tafeln stehen; schreiben Sie auf die Tafel mit dem schwarzen Rand die negativen Auswirkungen Ihrer Drogensucht, zum Beispiel:

○ Ich verliere langsam den Kontakt zur Wirklichkeit.
○ Meine Leistungen werden immer schlechter.
○ Das Leben macht mir keinen Spaß mehr.
○ Ich ruiniere meine Gesundheit.
○ Ich verliere die Achtung vor mir selbst.

Die negativen Auswirkungen

Sobald Sie das langsam und deutlich geschrieben haben, treten Sie noch einmal ein paar Schritte zurück und lesen Sie immer wieder durch, was Sie da geschrieben haben. Während Sie lesen, richten Sie Ihre ganze Abneigung und Ihren Zorn darauf; dann zertrümmern Sie voller Wut die ganze Tafel. Zerstören Sie die Tafel vollständig und leidenschaftlich. Die Stärke Ihres Gefühlsausbruchs bestimmt, wie tief sich Ihre Abneigung Ihrem Unterbewusstsein einprägt.

Wenn Sie die Tafel restlos zerstört haben, beruhigen Sie sich wieder und wenden sich dann der Tafel mit dem weißen Rand zu. Schreiben Sie auf diese Tafel nun langsam und deutlich alle positiven Auswirkungen der Tatsache, dass Sie Ihren Vorsatz eisern durchhalten und nicht mehr zur Droge greifen, zum Beispiel:

○ Ich stehe wieder mit beiden Beinen im Leben.
○ Das Leben macht mir Spaß.
○ Meine Leistungen werden immer besser.
○ Meine Gesundheit festigt sich.
○ Ich bin glücklich, dass ich es geschafft habe.

Die positiven Auswirkungen

Nun treten Sie wieder einige Schritte zurück und lesen immer wieder, was Sie da geschrieben haben. Richten Sie dabei ein starkes Gefühl der Liebe und Zuneigung darauf.

Sie spüren, wie dieses Gefühl immer stärker wird. Lesen Sie so lange, bis dieses Gefühl so stark geworden ist, dass Sie

Ihr neues Verhalten klar und deutlich vor sich sehen. Prägen Sie sich dann diese Bilder ganz tief ein, und stellen Sie sich mit einem starken Gefühl der Freude vor, Sie hätten Ihr Ziel erreicht und Ihre Drogensucht besiegt. Empfinden Sie ein Gefühl des Dankes dafür, dass Sie Ihr Ziel erreicht haben.

Die 3-Monats-Technik Bei der Bekämpfung der Drogensucht sollten Sie unbedingt die 3-Monats-Technik anwenden. Hierbei wird die Tafeltechnik jeweils 21 Tage morgens und abends so angewendet, dass dies am Morgen Ihre erste und am Abend Ihre letzte Tätigkeit und damit auch Ihr letzter Gedanke ist. Nach Ablauf der 21 Tage aber vergessen Sie Ihr Problem für eine Woche, damit die Anwendung der Technik nicht zur Gewohnheit wird.

Versuchen Sie in dieser Zeit möglichst nicht daran zu denken, damit sich das bisher Erreichte festigen kann. Vertrauen Sie auf die enorme Kraft des passiven Unbewussten. Danach beginnt ein neuer 21-Tage-Zyklus, dem wieder eine Pause von einer Woche folgt. Das Ganze wiederholt sich dann noch einmal im dritten Monat.

Bei der Anwendung dieser Technik werden Sie auch in einem hartnäckigen Fall erfolgreich sein, wenn Sie selbst an Ihrem Erfolg nie zweifeln.

Die Jungbrunnen-Technik Es hat sich als vorteilhaft erwiesen, während der Anwendung der verschiedenen Techniken zur Bekämpfung der Drogensucht dem Unterbewusstsein mit Hilfe der Jungbrunnentechnik einen so genannten Trigger, also einen Auslöser, für das neue Verhalten zu bieten. Sobald Sie mit Hilfe der anderen Techniken einen gewissen Erfolg erzielt haben, wenden Sie zusätzlich einige Male die

Jungbrunnentechnik an. Hierbei begeben Sie sich zunächst wieder, wie bei der Tafeltechnik, mit der Vorstellung der Zahlen 7 bis 1 und den entsprechenden Farben an Ihren geistigen Entspannungsort. Dort gehen Sie zu der Stelle, wo Sie Ihren Jungbrunnen eingerichtet haben (siehe Kapitel Jungbrunnentechnik), und steigen hinein. Stellen Sie sich vor, dass Sie sich dort von den letzten Resten Ihres bisherigen Verhaltens, in diesem Fall also von der Drogensucht, befreien.

Alles, was Ihnen von dem alten, unerwünschten Verhalten noch anhaften könnte, streifen Sie dort in Ihrem Jungbrunnen ab. Steigen Sie auf der anderen Seite frei und als neuer Mensch heraus. Wiederholen Sie dies mehrmals, bis Sie sich deutlich und in allen Einzelheiten sehen können. Sehen Sie, wie sich Ihre Haltung immer mehr strafft, und spüren Sie, wie Ihr Körper sich immer mehr kräftigt.

Zwischen dem Baden atmen Sie die wunderbare Luft an Ihrem geistigen Entspannungsort ganz tief ein und spüren Sie, wie sich Ihr Körper mit Energie und Lebensfreude auflädt. Wiederholen Sie dies regelmäßig, bis Sie sicher sein können, dass ein Rückfall in die alten Angewohnheiten unmöglich geworden ist.

Das Unterbewusstsein ist vergleichbar mit einem hochspezialisierten Mechanismus, bei dem alle Funktionen durch parallel geschaltete Regelkreise vielfach abgesichert sind. Durch das entwicklungsgeschichtlich noch relativ junge Bewusstsein wird dieser Automatismus mitunter empfindlich gestört, was zunächst dazu führt, dass man sich nicht wohl fühlt. Wenn die Störung nicht beseitigt wird, wird man krank.

In der Hypnose wird nun zunächst der störende Einfluss des Bewusstseins auf das Unterbewusstsein zeitweilig unterbrochen, sodass sich die volle Kraft des passiven Unbewussten entfalten kann und bereits vorhandene Störungen beseitigt werden. Während der Hypnose kann sich der Patient einfach der Behandlung hingeben und das Unterbewusstsein wirken lassen. Er kann diesem Wirken aber auch durch eine positive Bildmeditation eine bestimmte Richtung geben. Hier sprechen wir dann von der Hypnomeditation.

Durch Hypnomeditation frei von Drogensucht

Im Fall der Drogensucht wird sich der Patient also zunächst von einem erfahrenen Hypnotherapeuten in Hypnose versetzen lassen. Sobald die Hypnose eingetreten ist, kann er seinem Unterbewusstsein gedanklich die vorher mit dem Hypnotherapeuten abgesprochenen Bilder mitteilen. Er zeigt dem Unterbewusstsein in Bildern, welches Endziel erreicht werden soll, überlässt dann aber die Ausführung und Wahl der Mittel ganz der passiven Kraft des Unbewussten.

Hierbei kann selbst das stärkste Verlangen (z. B. nach einer Droge) in Abneigung und Widerwillen verwandelt werden, indem man sein Verhalten gewissermaßen »umprogrammiert«. Wie das im Einzelnen funktioniert, ist noch nicht abschließend erforscht worden, aber dass es funktioniert, haben bereits unzählige Menschen an sich selbst erfahren. Viel Unglück konnte so vermieden werden. Mancher, der sich selbst schon aufgegeben hatte, erhielt dadurch eine neue Chance, das Leben doch noch nach seinen Wünschen zu gestalten.

6. Hypnomeditation – Theorie und Praxis

Die besondere Methode

Hypnomeditation nenne ich eine von mir entwickelte und in meiner Praxis bestens bewährte Kombination von Hypnose und Meditation oder, wenn man es so erklären will, von Fremdhypnose und Selbsthypnose (Hetero- und Autohypnose). Diese Kombination enthält die Vorteile beider Methoden, ohne dass dabei die Nachteile übernommen wurden. Klären wir zuerst einmal die grundsätzliche Frage.

Was ist Hypnose?

Die Hypnose ist ein Zustand, von dem viele Menschen und sogar manche Ärzte eine ganz falsche Vorstellung haben. Immer wieder kommt es vor, dass Patienten eine in ihrem Fall angebrachte Hypnosebehandlung nicht vornehmen lassen, weil sie glauben, dabei ihren Willen zu verlieren und sich völlig in die Hand des Hypnotiseurs zu begeben. Obwohl diese Vorstellung ganz falsch ist, taucht sie doch immer wieder auf.

Ein dynamischer Zustand zwischen Wachen und Schlafen

Tatsächlich ist die Hypnose ein dynamischer Zustand zwischen Wachen und Schlafen, der zudem noch von jedem Menschen immer wieder anders erlebt wird. Alle aber, die diesen wunderbaren Zustand kennen, sind sich darüber einig, dass man sich während der Hypnose wohltuend entspannt und danach herrlich erfrischt ist. Während der Hypnose besteht ständig ein Kontakt zwischen Patient und Therapeut, der so genannte *Rapport.* Das heißt, der Patient hört und versteht alles, was gesagt wird und was um ihn vorgeht.

Manchmal kommt es vor, dass der Patient während der Hypnose einschläft, dann geht der Rapport verloren. Aber wie jeden Schlafenden kann man ihn dann durch leichte Berührung aufwecken. Immer wieder wird auch die Frage gestellt: Was passiert eigentlich, wenn ich in Hypnose bin und der Hypnotherapeut bekommt einen Herzschlag? Hierzu ist zu sagen, dass die Hypnose, wenn keine weiteren Suggestionen folgen, etwa in einer halben Stunde in ganz natürlichen Schlaf übergeht. Ist der Hypnotisierte ausgeschlafen, erwacht er ganz von selbst.

Grundsätzlich ist noch festzustellen, dass niemand gegen seinen Willen hypnotisiert werden kann und dass niemand in der Hypnose etwas tut (auch nicht auf ausdrücklichen Befehl des Hypnotiseurs), das er nicht auch im Wachzustand tun würde. Sobald ein Hypnotisierter einen Befehl erhält, der nicht in sein individuelles Verhaltensmuster passt (z. B.: »Springen Sie aus dem Fenster!«), bricht die Hypnose sofort zusammen, und er ist hellwach.

Gern möchte ich dazu beitragen, solche unsinnige Befürchtungen auszuräumen; denn die Hypnose kann in vielen Bereichen die ärztliche Therapie in idealer Weise ergänzen und unterstützen. Bei vielen seelisch bedingten Erkrankungen – wie beispielsweise Asthma, Kreislaufstörungen, Magen-Darm-Erkrankungen und Durchblutungsstörungen – bietet die Hypnose Möglichkeiten der Hilfe, ohne dass dabei unangenehme Nebenwirkungen in Kauf genommen werden müssen. Ganz besonders aber ist sie angezeigt bei den rein seelischen Erkrankungen: bei Angst, Depressionen, Schlafstörungen usw.

Hilfe durch Hypnose ohne schädliche Nebenwirkungen

Aber auch bei chronischen Hauterkrankungen, bei Nervenschmerzen oder ganz besonders bei Schmerzen an amputierten Gliedern (Phantomschmerz) bietet sie oft die einzige Möglichkeit wirksamer Hilfe. Dabei werden die Möglichkeiten der Schmerzausschaltung durch Hypnoanästhesie, also ohne Medikamente (z. B. bei der Geburt), noch nicht annähernd genutzt. Das liegt sicher zum großen Teil daran, dass bei der heutigen Form der Kassenpraxis der Arzt einfach nicht die Zeit findet, die zur Anwendung der Hypnose unbedingt erforderlich ist. Dazu kommt, dass der Hypnotherapeut außer einer gründlichen Ausbildung auch menschlich zu ausgeglichener Klarheit gereift sein muss. Es genügt nicht, das Erlernte einfach anzuwenden, sondern er muss es verarbeiten und seine persönliche Form finden, die so unverwechselbar wie seine Handschrift ist.

Was ist Meditation?

Angesichts der enormen Vorteile der Hypnose fallen die Nachteile kaum ins Gewicht. Es besteht die Möglichkeit, dass der Hypnotiseur vergisst, eine der zur Vertiefung der Hypnose gegebenen Suggestionen wieder aufzuheben (z. B. Sie werden jetzt ganz müde, oder Ihre Arme werden ganz schwer), und dadurch eine störende Wirkung noch einige Zeit bestehen bleibt. Eine andere Möglichkeit besteht darin, dass der Hypnotherapeut bei ungenügender Erfahrung vielleicht persönlichkeitsfremde Suggestionen gibt, die dann vom Unterbewusstsein des Hypnotisierten nicht oder nicht vollständig angenommen werden. Beide Möglichkeiten, die bei der Fremdhypnose nicht völlig ausgeschlossen sind, scheiden bei der Hypnomeditation, die als eine Art Mischform zwischen Fremdhypnose und Selbsthypnose aufzufassen ist, völlig aus.

Selbstverwirklichung der Seele

Meditation bedeutet wörtlich Andacht, Nachdenken und Betrachten. Das bedeutet eine Verinnerlichung, ein Erlebnis in der Tiefe der Seele. Man kann sagen: Meditation ist die Selbstverwirklichung der Seele. Die Meditation ist ein Weg zur Herstellung der Harmonie zwischen Körper, Seele und Geist. Richtig angewandt, bringt sie uns innere Ruhe, geistige Klarheit und körperliche Gesundheit. Wer die Meditation richtig ausübt, wird nicht nur sein eigenes Leben harmonisch gestalten und mit Freude erfüllen, sondern darüber hinaus diese Harmonie und Freude auch auf seine Umwelt ausstrahlen. Meditation ist die Suche nach dem göttlichen Kern in uns.

Die Definition durch einen Mystiker

Der iranische Mystiker Rumi hat im 13. Jahrhundert dafür folgende Worte gefunden:

»Ich habe die ganze Welt auf der Suche nach Gott durchwandert und Ihn nirgends gefunden. Als ich wieder nach Hause kam, sah ich Ihn an der Tür meines Herzens stehen, und Er sprach: ›Hier warte ich auf dich seit Ewigkeiten!‹ Da bin ich mit Ihm ins Haus gegangen.«

Einfacher und schöner kann man sicher das Ziel der wahren Meditation nicht beschreiben. Wer jedoch in der Kunst der Meditation ungeübt ist, wird bei der praktischen Ausübung immer wieder auf Schwierigkeiten stoßen. Eine dieser Schwierigkeiten ist sicher, dass er dabei auch mit negativen Teilen seiner Persönlichkeit in Berührung kommen kann und dieser Konfrontation einfach nicht gewachsen ist. Das kann dann zu Störungen verschiedener Art führen, z. B. anhaltenden Angstzuständen und Depressionen.

Auch diese Schwierigkeit wird bei der Hypnomeditation absolut vermieden, weil die dabei freiwerdenden meditativen Kräfte in einer vorher festgelegten, gewünschten Richtung gelenkt werden und uns so zur Erreichung unserer Ziele zur Verfügung stehen.

Wie funktioniert die Hypnomeditation?

Hypnomeditation als Synthese

Hypnomeditation ist somit die glückliche Synthese zwischen zwei sehr wertvollen Wegen, unser Unterbewusstsein anzusprechen und zu beeinflussen. Zunächst wird mit dem Patienten ausführlich das gewünschte Ziel der Hypnomeditation besprochen.

Nehmen wir einmal an, der Patient möchte abnehmen. Dann erfolgt zunächst die Fixierung der Wortmeditation.

Die Fixierung der Wortmeditation

Wichtiger Grundsatz hierbei ist, dass der Patient sein Ziel mit seinen eigenen Worten in möglichst einfacher Formulierung fixiert. Ein solches Programm könnte etwa so aussehen:

- Ab sofort werde ich zwischen den einzelnen Mahlzeiten nichts mehr essen.
- Ich vermeide Bonbons, Schokolade und Süßigkeiten in jeder Form.
- Zu den Mahlzeiten esse ich nur noch die Hälfte wie bisher.
- Ich nehme jede Woche zwei Pfund ab!

Die Fixierung der Bildmeditation

Nachdem die Formulierung für die Wortmeditation gefunden und festgelegt ist und der Patient sich diese eingeprägt hat, erfolgt die Fixierung der Bildmeditation.

Bei einer Bildmeditation kommt es darauf an, ein klares und überzeugendes Bild von dem gewünschten Endziel zu »schaffen«. Wenn Sie also insgesamt zwanzig Pfund abnehmen möchten, dann stellen Sie sich vor, wie Sie dann aussehen würden. Sollte es Ihnen Schwierigkeiten machen, sich entsprechend schlanker zu sehen, nehmen Sie ein Foto aus früheren Zeiten zur Hand, auf dem Sie noch so schlank sind, wie Sie es nun wieder werden wollen. Haben Sie kein geeignetes Foto, so nehmen Sie ein neueres Foto und retuschieren die überflüssigen Pfunde einfach weg.

Das Ergebnis ist ein Idealbild von Ihnen, wie dies in Kürze Wirklichkeit sein soll.

Prägen Sie sich dieses Bild so gründlich ein, dass Sie es jederzeit mit geschlossenen Augen vor sich sehen können. Damit sind die Vorbereitungen abgeschlossen, und es beginnt die Einleitung der Hypnomeditation.

Sie erfolgt durch die gleichen Worte, mit denen eine normale Hypnose eingeleitet wird, und ich verwende dabei etwa folgende Worte:

Einleitung der Hypnomeditation

»Biete legen Sie sich jetzt einmal ganz bequem hin. Schließen Sie die Augen und lassen Sie Arme und Beine ganz locker fallen. Nichts mehr wollen jetzt – ganz passiv sein. Sie spüren nun eine angenehme Müdigkeit, die sich in Ihrem ganzen Körper ausbreitet. Geben Sie sich ganz dieser wunderbaren Müdigkeit hin – Arme und Beine werden ganz schwer – alles versinkt ganz weit. Müder wird der Körper, immer müder – die Gedanken lösen sich auf. Sie lassen sich treiben, in einer wohltuenden Ruhe, die mit jedem Atemzug tiefer und tiefer wird. Dabei hören Sie ganz deutlich meine Stimme …«

Ein Zustand völliger Entspanntheit und Ruhe

Die Einleitung der Hypnose wird fortgesetzt, bis der Patient die »Arbeitsebene« erreicht hat, eine Ebene der völligen Passivität, Entspanntheit und Ruhe. Auf dieser Ebene ist das Unterbewusstsein befreit von den oft störenden Eingriffen des Bewusstseins, sodass sich die volle Kraft des passiven Unbewussten entfalten kann. Nach einigen Minuten erfolgt dann die Suggestion, diese freiwerdende Kraft des Unterbewusstseins auf die Wort- und Bildmeditation zu konzentrieren.

Im Kontakt mit dem Unterbewusstsein

In diesem Zustand der Ruhe und des Kontaktes zu seinem Unterbewusstsein stellt sich der Patient dabei immer wieder das vorher eingeprägte Idealbild vor. Dabei werden auch die Worte gedanklich in Bilder umgesetzt. Dadurch bekommt das Unterbewusstsein eine klare Vorstellung des gewünschten Ziels, und alle freiwerdenden Kräfte werden in die gewünschte Richtung gelenkt. Da es sich hierbei um Bilder aus der Vorstellungswelt des Patienten handelt, werden sie von dem Unterbewusstsein ganz selbstverständlich angenommen; denn sie fügen sich harmonisch in seine Persönlichkeitsstruktur ein.

In der Hypnomeditation sind unangenehme Nachwirkungen oder gar eine Schädigung des Patienten völlig ausgeschlossen. Ein idealer Weg, um sich selbst nach seinen eigenen Wünschen zu formen.

Natürlich ist sehr wichtig, dass zunächst die richtige Wortmeditation fixiert wird, damit Sie sodann zur Bildmeditation im Sinn Ihrer Wünsche gelangen. Die in diesem Buch enthaltenen Formeln geben Ihnen die richtigen Anstöße. Sie können sich diese Formeln – die natürlich individuell variiert werden können – von einem Ihnen nahe stehenden Menschen vorsprechen lassen oder – vielleicht noch besser – sprechen Sie diese auf Band und spielen Sie das Band ab, bis sich die Formel der von Ihnen gewählten Wortmeditation tief eingeprägt hat, sodass Sie diese auch auswendig können.

Nach diesen allgemeinen Erörterungen können wir nun zu praktischen Fällen übergehen.

Erfolgreiche Behandlung von Depressionen

Der Liebeskummer eines Fachmanns

Dass sich mitunter auch ein Fachmann nicht selbst helfen kann, sehen Sie an dem Fall des Herrn Langen. Er war Diplompsychologe und hatte acht Jahre in einer Erziehungsanstalt gearbeitet. Vor zwei Jahren hatte er sich in eine Kollegin verliebt. Sie hatten ein wunderschönes Jahr miteinander verbracht und beschlossen zu heiraten. Sie fanden eine ganz reizende Wohnung und richteten sich gemeinsam ein. Herr Langen drängte darauf, den Hochzeitstermin festzulegen. Als er am Abend nach Hause kam, fand er einen Brief vor, in dem sie ihm schrieb, dass sie ihn nicht heiraten könne, da sie sich einer anderen Frau zugewandt habe und mit ihr zusammenleben wolle.

Eine Welt brach zusammen

Für Herrn Langen brach eine Welt zusammen. Zu gern hätte er eine Aussprache mit ihr herbeigeführt, aber er hatte nicht einmal ihre Adresse. Immer wieder grübelte er, wie es hatte dazu kommen können; denn bis zum letzten Tag schien alles in Ordnung gewesen zu sein. Aber er fand keine Antwort. Nach zwei Monaten fand ihn ein Freund – noch eben rechtzeitig – nach einem Selbstmordversuch, wodurch er gerettet werden konnte. Er war jedoch seinem Freund nicht dankbar; er beteuerte wiederholt, dass er es bei nächster Gelegenheit gründlicher tun wolle.

In dieser zweifelhaften Situation wandte sich der Freund an mich. Er sagte mir gleich, dass Herr Langen sicher nicht in meine Praxis kommen würde. So nahm ich seine Einladung an, in seiner Wohnung wie zufällig mit Herrn Langen zusammenzutreffen. Es wurde ein netter Abend. Wir fachsimpelten bis in die Nacht. Ganz unvermutet brachte Herr Langen auf einmal sein Problem zur Sprache. Ich schlug eine Behandlung mit Hypnomeditation vor. Er sagte mir, er habe davon zwar noch nichts gehört, sei aber damit einverstanden.

Die Behandlung eines Selbstmörders

Wie erwartet, war es beim ersten Mal nicht möglich, eine ausreichende Entspannung zu erzielen, weil Herr Langen als Fachmann natürlich sofort alles analysierte, was ich tat. Doch schon sein zweiter Besuch führte zu einem sehr guten meditativen Kontakt. Da die Behandlung einige Wochen dauerte, quartierte er sich kurz entschlossen in dem kleinen Hotel gegenüber von meinem Haus ein.

So konnte ich täglich eine Behandlung durchführen. Natürlich konnte er es nicht lassen, die Behandlung des Vortags jeweils genau zu analysieren und die Wirkung an sich selbst kritisch zu beobachten. Auch für mich war es sehr aufschlussreich, einmal nicht nur auf meine Beobachtungsgabe oder auf die sehr subjektiven Äußerungen eines Patienten angewiesen zu sein, sondern ständig mit der Analyse eines Fachmannes konfrontiert zu sein. Wir waren uns in einem Punkt einig: es ging bergauf. Als er dann noch erfuhr, dass ich auch Kurse für Hypnose und Hypnomeditation gebe, stand sein Entschluss fest, sich nach Abschluss der Behandlung gründlich mit dieser Materie vertraut zu machen.

Er trat das Erbe des Lebens an

Inzwischen ist die Behandlung so erfolgreich verlaufen, dass er sie einige Wochen unterbrochen hat, um eine wichtige Erbschaftsangelegenheit zu regeln, für die er sich vorher nicht mehr interessiert hatte. Seine Verwandten hatten sein Desinteresse wohlfeil ausgenützt. Er rettete sich das ihm zustehende Erbe für den Rest seines neuerdings wieder als lebenswert empfundenen Daseins.

Gewichtssorgen infolge von Eheproblemen

Keine Zeit – schafft Zeit zum Seitensprung

Herr Wiedemann kam zu mir, weil er unter Depressionen und Schlaflosigkeit litt. Außerdem hatte er siebzehn Pfund zugenommen. Der Grund seines Kummers war darauf zurückzuführen, dass seine Frau ihn betrog; sie hatte es zugegeben, als er sie deswegen zur Rede gestellt hatte.

Hier war es erforderlich, beide Seiten zu hören. Deshalb bat ich Frau Wiedemann in meine Praxis. Sie war eine sehr attraktive Frau und zwölf Jahre jünger als ihr Mann. Den Seitensprung gab sie zu. Sie hatte das Verhältnis zu dem anderen Mann auch keineswegs beendet. Wie sie mir sagte, habe sie das Gefühl, ihr Mann behandle sie wie ein »Statussymbol, das er zwar mit Schmuck und Pelzen dekorierte, um das er sich aber sonst kaum kümmerte«. Seine Arbeit als Bankier sei so aufreibend und lasse ihm eigentlich überhaupt keine Zeit für sein Privatleben. Damit wolle sie sich aber nicht abfinden, und so habe sie anderweitig das gefunden, was sie bei ihrem Mann vergeblich gesucht habe: Aufmerksamkeit, Zärtlichkeit und Zeit, viel Zeit.

Beide litten unter der Situation

In dem langen Gespräch zeigte sich aber, dass sie ihren Mann noch immer liebte und im Grund selbst unter der Situation litt. Deshalb war sie mit Freuden bereit, einen Versuch zu machen, um mit ihrem Mann wieder einen gemeinsamen Weg zu finden, wenn dieser ihren Seitensprung vergeben könne und wenigstens einen Abend in der Woche für sie Zeit finden würde. Es war nicht leicht, Herrn

Wiedemann zu überzeugen, dass er zumindest mitschuldig am Verhalten seiner Frau war. Aber auch er hing sehr an seiner Frau und wollte sie nicht verlieren. Also schlug ich vor, ihm durch Hypnomeditation zu helfen, um seine Einstellung zu seinem Problem zu ändern. Was ihn störe, sei nun einmal passiert und nicht rückgängig zu machen.

Er kam jeden zweiten Tag in meine Praxis zur Behandlung. Nach zwei Wochen waren nicht nur seine Depressionen und seine Schlaflosigkeit verschwunden; er hatte auch bereits wieder sechs Pfund abgenommen.

Der Blumenstrauß

Wir konnten die Behandlung durch Hypnomeditation beenden. Um sicherzugehen, dass nicht doch noch einer von ihnen rückfällig werde, besuchten beide auf meine Empfehlung einen meiner Kurse für Psychokybernetik. Seither bekomme ich jeweils am 14. Oktober, dem Jahrestag ihres ersten Besuches bei mir, einen großen Blumenstrauß.

Fettsucht ist ein psychosomatisches Problem

Sie aß aus Kummer

Frau Bogdahn war seit zwei Jahren Witwe und hatte den Verlust ihres Mannes noch nicht überwunden, als sie bei einem Autounfall auch noch ihren einzigen Sohn verlor. Von dem Tag an verlor sie ihren Lebensmut völlig. Sie verließ kaum noch ihre Wohnung und bekämpfte ihre ständigen Depressionen mit gutem Essen. Als ich sie auf Wunsch eines entfernten Verwandten einmal in ihrer Wohnung besuchte, war alles völlig verwahrlost. Aber überall standen Pralinen, Schokolade und andere Süßigkeiten herum. Wie ich dann erfuhr, hatte sie in den vier Monaten seit dem Tod ihres Sohnes achtundzwanzig Pfund zugenommen. Während wir sprachen, musste sie ständig weinen, vergaß aber nicht, immer wieder eine Praline in den Mund zu schmuggeln.

Ein neuer Lebenssinn

Gern folgte sie meinem Vorschlag, ihre Depressionen mit Hilfe der Hypnomeditation zu beseitigen. Doch die Behandlung zog sich in die Länge, weil ihr Leben ihr einfach sinnlos erschien. Erst als ich ihr vorschlug, ein Heimkind aufzunehmen, besserte sich ihr Zustand. Nun achtete sie auch wieder auf sich und bat mich, auch ihre Esssucht zu bekämpfen. Wir nahmen auch diesen Punkt in unsere Behandlung durch Hypnomeditation auf. Gleichzeitig behandelte ich die beiden »Esspunkte« im Ohr mit Akupunktur. Dadurch nimmt man zwar nicht gleich ab, aber es dämpft stark das Verlangen zu essen und führt bis zur völligen Gleichgültigkeit gegenüber dem Essen, wenn man die Behandlung entsprechend lange fortsetzt.

In den ersten zwei Wochen dieser Behandlung zeigte die Waage als einzigen Erfolg, dass sie nicht mehr weiter zugenommen hatte. Dann aber nahm sie Woche für Woche zwei bis drei Pfund ab. Nach einigen Wochen konnten wir diesen Punkt aus unserer Behandlung streichen.

Keine Zeit mehr für Depressionen

Leider zogen sich die Verhandlungen mit den Behörden wegen des Heimkindes in die Länge. Deshalb bat ich sie, vorläufig noch einmal in der Woche zur Hypnomeditation zu kommen. Nach einigen Wochen konnten wir auch darauf verzichten, denn sie betrieb die Verhandlungen mit einem solchen Eifer, dass sie keine Zeit mehr für Depressionen hatte. Schließlich hatte sie auch Erfolg, und ihr Leben bekam durch ihr Heimkind und ihren den Behörden abgekämpften Erfolg einen neuen Sinn.

Das Problem der Magersucht

Sie weigerte sich, erwachsen zu werden

Marion war zweiundzwanzig, als sie zu mir in die Praxis kam. Sie schien heiter und guter Dinge. Aber ihre Eltern machten sich Sorgen, denn sie wog nur noch 36 Kilo bei einer Größe von 156 Zentimetern. Sie studierte Germanistik, musste jedoch ihr Studium oft unterbrechen, da sie fast ständig krank war. Trotzdem hatte ich das Gefühl, ihre Krankheit belaste sie fast gar nicht. Dabei aß sie kaum noch etwas. Zum Frühstück ein halbes Brötchen mit Marmelade und ein halbes Glas Milch, das war oft schon alles für den ganzen Tag. Sie hatte einfach keinen Appetit. Wenn sie sich aber zwang, mehr zu essen, musste sie sich übergeben.

Natürlich versuchte ich in einem ausführlichen Gespräch, die Ursache der Magersucht zu erkennen, aber Marion schien keinerlei Probleme zu haben. Mit ihren Eltern verstand sie sich großartig. Geschwister hatte sie keine. Für Freundschaften hatte sie kein Interesse. Sie lebte ganz in ihrem Studium und war trotz der vielen Ausfälle, bedingt durch ihre häufige Krankheit, eine der Besten.

Ich muss gestehen, dass dieser Fall mir Rätsel aufgab. Allmählich merkte ich jedoch, dass Marion sich weigerte, erwachsen zu werden. Sie hatte ein wunderbares Verhältnis zu ihren Eltern und bemühte sich nach Kräften, eine gute Tochter zu sein. Da sie die Liebe ihrer Eltern aber niemals teilen musste, wollte sie diesen Zustand erhalten. Eine Bindung an einen anderen Menschen schien ihr undenkbar.

Das Gespräch

In unserem Gespräch weigerte sie sich zunächst, diesen Gedanken auch nur zu erörtern. Da sie aber ein überdurchschnittlich intelligentes Mädchen war, so fiel es mir nicht schwer, sie durch Logik zu überzeugen, dass das Leben kein statischer Zustand ist und sich ihre Situation mit zunehmendem Alter ihrer Eltern zwangsläufig einmal ändern müsse. Wenn sie dann nicht plötzlich ganz allein dastehen wolle, müsse sie lernen, sich auch anderen Menschen anzuschließen.

Ich bat sie, sich in der Hypnomeditation eine solche Situation in immer neuen Varianten vorzustellen und sich zunächst gedanklich damit zu befreunden. Weiter schlug ich ihr vor, sie soll in Zukunft Einladungen nicht immer gleich ausschlagen, sondern diese bisweilen auch dann annehmen, wenn sie sich nichts Besonderes davon verspreche; sie solle die gedanklichen Kontakte zu anderen Menschen auch in die Tat umsetzen.

Der große Umschwung

Im Zug der ersten vier Behandlungen gab es kein besonderes Ergebnis zu verzeichnen, vielleicht mit Ausnahme der Tatsache, dass sie nicht weiter abgenommen hatte. Bei der sechsten Behandlung jedoch erzählte sie mir von dem großen Umschwung – sie hatte seit Jahren zum ersten Mal wieder zugenommen. Es war zwar nur ein Pfund, aber der Anfang war gemacht. Nach zwölf

Sitzungen hatte sie insgesamt acht Pfund zugenommen und fühlte sich so gut wie nie zuvor. Als sie mir dann auch noch das Bild von einem jungen Mann zeigte und mir die Frage stellte, welchen Eindruck er auf mich mache, da wusste ich, dass ihr Problem gelöst war.

Die Angst eines mutigen Mannes

Unsere wichtigsten lebensnotwendigen Organfunktionen können wir normalerweise nicht willkürlich beeinflussen.

Der »wunderbare« Automatismus unseres Nervensystems

Wir atmen, unsere Verdauung funktioniert und unser Herz schlägt, ohne dass wir daran denken – auch wenn wir schlafen. Ja sogar bei einer Ohnmacht sorgt diese Automatik dafür, dass wir nicht zu Schaden kommen. Darüber wacht das vegetative Nervensystem mit dem Sympaticus und dem Parasympaticus.

Der Sympaticus sorgt dafür, dass wir bei plötzlicher Erregung blitzschnell die notwendigen Reserven zur Verfügung haben. Er beschleunigt den Herzschlag, erhöht den Blutdruck und steigert die Leistungsfähigkeit der Muskeln. Unsere Atmung wird schneller und tiefer, wobei die Nebennieren zur erhöhten Ausschüttung von Adrenalin angeregt werden. Gleichzeitig wird die Verdauung gestoppt, um alle vorhandenen Kräfte für eine Reaktion zur Verfügung zu haben.

Der Parasympaticus dagegen fördert die Ruhe, die Entspannung und den Schlaf. Herz- und Kreislaufleistungen werden gedrosselt, die Atemtätigkeit verlangsamt sich. Wir erholen uns wieder und sammeln Kraft für eine neue Anspannung.

Angst führt zu gestörter innerer Harmonie

Diese beiden Teilsysteme des vegetativen Nervensystems müssen im Gleichgewicht zueinander stehen, wenn wir uns wohl fühlen wollen. Sobald die innere Harmonie gestört ist, laufen diese Vorgänge nicht mehr synchron: wir fühlen uns nicht mehr wohl. Bleibt dieser Zustand der Disharmonie länger bestehen, werden wir krank. Besonders Angst bringt unser vegetatives Nervensystem durcheinander. Der eine spürt bei der geringsten Erregung einen Druck auf dem Magen, einem anderen wird schwindlig, ein dritter spürt dann sein Herz »galoppieren«.

Angst schlägt u.a. auf den Magen

Herr Corten war ein Magen-Typ. Trotz starker Schmerzen konnte auch nach einer gründlichen Untersuchung keine organische Ursache der Magenschmerzen gefunden werden. Aber die Beschwerden wurden immer schlimmer. Jedes Mal wenn er sich in einem Fahrstuhl oder einem anderen engen Raum aufhalten musste, krampfte sich sofort sein Magen zusammen. Seine Hände wurden feucht, und er hatte das Gefühl, jeden Augenblick in Ohnmacht zu fallen.

So war es für ihn z. B. unmöglich, zu fliegen oder mit dem Zug zu fahren. Lediglich im Auto hielten sich die Beschwerden in Grenzen, sofern er selbst fahren konnte. Aber auch hier machte sich die Angst immer stärker bemerkbar. In letzter Zeit bekam er schon feuchte Hände, wenn er nur seinen Autoschlüssel in die Hände nahm.

Der Bergsteiger schämte sich seiner Angst

Diese Angst beeinträchtigte sein Leben so stark, dass er sich in Behandlung begeben musste. Doch auf keine Behandlung sprach er an. Die Medikamente halfen immer nur für eine kurze Zeit. Als er zu mir kam, hatte er die Hoffnung fast aufgegeben, dass ihn noch jemand von seiner Angst befreien konnte. Dazu kam, dass er sich seiner Angst schämte; denn er war sonst ein mutiger Mann, ein guter Sportler und ein begeisterter Bergsteiger. Dort, in schwindelnder Höhe, fühlte er sich so richtig wohl. Dann nahm er sich vor, in Zukunft nicht mehr so albern zu reagieren. Sobald er jedoch wieder gezwungen war, sich in engen Räumen aufzuhalten, waren alle guten Vorsätze vergessen.

Der Durchbruch

Als er zu mir in die Praxis kam, schlug ich ihm Hypnomeditation vor. Er aber meinte, das habe keinen Zweck, weil er nicht daran glaube. Ich erklärte ihm, dass jeder Mensch ein Unterbewusstsein habe, ob er daran glaube oder nicht, und dass dieses auch unabhängig vom jeweiligen Glauben auf bestimmte Reize reagieren würde. Er war nicht sehr überzeugt, aber entschlossen, jede Möglichkeit zu nutzen. Tatsächlich hatten wir anfangs einige Schwierigkeiten, weil er sich einfach nicht entspannen konnte. Bei der dritten Behandlung kam der Durchbruch, und nach weiteren vier Behandlungen war seine Angst besiegt.

Zwei Jahre später schickte er seinen Sohn zur Behandlung, weil seine Schulleistungen schlecht waren, und von ihm erfuhr ich, dass sich seine Angst nie mehr gezeigt hatte.

Ein Fall von Klaustrophobie

Angst macht krank

Jeder Mensch hat gelegentlich Angst. Seine Angst ist ein Teil seines Selbsterhaltungstriebes. Hätte er diese Angst nicht, würde er sich immer in Gefahr begeben und irgendwann auch darin umkommen. Diese Angst ist nötig; aber viele Menschen haben unnötige Angst.

Manche Frauen (und Männer) fürchten sich vor einer harmlosen Maus. Obwohl ihnen die Logik sagt, dass die Maus völlig ungefährlich ist, können sie ihrer Angst nicht Herr werden. Viele Menschen schauen jeden Abend vor dem Schlafengehen unter ihr Bett und prüfen mehrmals, ob sie die Wohnungstür auch abgeschlossen haben. Andere würden niemals einen Fahrstuhl benutzen (Klaustrophobie) oder bekommen fast einen Ohnmachtsanfall, wenn sie eine Brü-cke oder einen weiten, leeren Platz überqueren müssen (Agoraphobie). Hier handelt es sich um Phobien, also Ängste, die das tägliche Leben erschweren und den Menschen auf die Dauer krank machen.

Angst bis ins Arbeitszimmer

Ein solcher Fall war Dr. Lent, ein gesundheitstrotzender Konstrukteur, der seit acht Jahren bei ein und derselben Firma gearbeitet hatte. Zum Erstaunen seiner Freunde hatte er bereits einige hoch dotierte Angebote anderer Firmen, scheinbar grundlos, ausgeschlagen. Er hatte Angst in den modernen Großraumbüros – er brauchte ein kleines Arbeitszimmer, um sich wohl zu fühlen. Nun aber hatte ihn seine Angst in seiner eigenen Firma erreicht, denn auch sie war dabei, ein modernes Großraumbüro einzurichten. Zuerst hatte er mit dem Gedanken gespielt, sich in einer anderen Firma eine neue Stellung mit einem kleinen Arbeitszimmer zu suchen. Da er aber nur ungern die Firma wechseln wollte, fasste er den Entschluss, seine Angst zu besiegen.

Durch Hypnomeditation ins Großraumbüro

Zwar hatte er noch nie etwas von Hypnomeditation gehört; aber ihm war jeder Weg recht, der Aussicht auf Erfolg versprach. Wie üblich besprachen wir zunächst in allen Einzelheiten die Wort- und Bildmeditation, bevor ich die erste Hypnose einleitete.

Nach der ersten Behandlung spürte er keinen Unterschied in seiner Einstellung. Schon am nächsten Tag aber erhielt ich seinen Anruf, dass seine Angst völlig verschwunden sei und sich eine weitere Behandlung erübrige.

Aggressivität aus Angst

Das Kind aus dem Pflegeheim

Brigitte machte ihren Pflegeeltern wirklich viel Kummer. Da sie selbst keine Kinder bekommen konnten, hatten sie seinerzeit das dreijährige Mädchen aus einem Pflegeheim geholt. Sie hatten sich viel Mühe gegeben, ihr viel Liebe und ein richtiges Zuhause zu geben; aber Brigitte zeigte sich als wenig dankbar. Sie warf ihre Sachen einfach auf den Boden, und wenn ihre Pflegeeltern sie daraufhin ermahnten, dann schrie sie diese an. Als sie eines Tages wieder einmal ihre Kleider einfach auf den Boden geworfen hatte und sie nicht aufheben wollte, nahm ihre Pflegemutter sie bei der Hand, um sie zu ermahnen. Doch kaum war das geschehen, biss Brigitte sie auch schon so tief in die Hand, dass die Wunde genäht werden musste.

Inzwischen war wieder ein Jahr vergangen. Brigitte war mittlerweile acht Jahre alt geworden, und ihre Pflegeeltern wussten nicht, wie sie das Kind bändigen sollten. Sie ging sehr oft einfach nicht zur Schule, machte ihre Aufgaben nicht oder nur selten, und die Schwierigkeiten häuften sich. So beschlossen ihre Pflegeeltern, Brigitte wieder in das Heim zurückzubringen Ursprünglich wollten sie Brigitte adoptieren, aber unter diesen Umständen waren sie froh, dass sie dies noch nicht getan hatten. Dabei fiel ihnen der Entschluss, das Mädchen wieder ins Heim zu bringen, sehr schwer. Sie sahen jedoch keinen anderen Ausweg. Beispielsweise wurden sie von den Nachbarn regelrecht gemieden, weil niemand mehr mit Brigitte Kontakt haben wollte.

Da hörte das Ehepaar von mir, dass ich in einem ähnlichen Fall Erfolg gehabt hatte, und baten mich, Brigitte zu helfen. Das Kind weigerte sich jedoch, zu mir in die Praxis zu kommen. Deshalb besuchte ich sie zu Hause. Sie zeigte sich von ihrer schlimmsten Seite, als wolle sie mir sagen, dass jeder Versuch, eine Änderung herbeizuführen, zwecklos sei. Also beachtete ich sie zunächst gar nicht und sprach nur mit ihrer Mutter. Ich ignorierte einfach ihre Versuche, mich zu ärgern. Das machte sie anscheinend neugierig, und so kamen wir ins Gespräch.

Tränen, ein Widerruf der Aggressivität

Nach einer halben Stunde saß sie ganz lieb bei mir und ließ sich streicheln, wobei sie mir stets genau sagte, wo ich zu streicheln hätte. Als ich mich dann verabschiedete, gab es Tränen. Ich bat sie, mich auch einmal in meiner Praxis zu besuchen, was sie am liebsten sofort getan hätte. Wir vereinbarten einen Termin, und ich versprach ihr, dann nur für sie Zeit zu haben und ihr einmal genau zu zeigen, wie und was meine Arbeit sei.

Als sie mich dann besuchte, war sie sehr interessiert und wollte alles genau wissen. Zuerst machte ich einen Test mit ihr und bat sie, einmal ganz lange die Augen zu schließen und diese erst aufzumachen, wenn ich es ihr sage. Diesen Test mache ich gern bei Kindern, um zu sehen, ob ein Mindestmaß an Mitarbeit gegeben ist. Wenn ein Kind die Augen mindestens zwei Minuten geschlossen halten kann, weiß ich, dass auch die Einleitung der Hypnose voraussichtlich keine Schwierigkeiten bereiten wird. Während der Test durchgeführt wird, darf allerdings nicht gesprochen werden, damit sich das Kind in dieser Zeit völlig isoliert fühlt.

Hypnose als Teil des Spiels

Brigitte hielt die Augen drei Minuten geschlossen, als ich den Test abbrach. Damit sie bei der späteren Bildmeditation keine Schwierigkeiten bekommen sollte, übten wir zunächst die Vorstellung einer Banane und eines Apfels mit geschlossenen Augen. Dabei leitete ich dann unmerklich die Hypnose ein, sodass dies wie ein Teil des Spiels erschien. Bevor sie es überhaupt merkte, war sie in tiefem Hypnosezustand, und ich konnte sie fragen, warum sie denn immer so böse zu allen Leuten, besonders aber zu ihren Pflegeeltern sei, die ihr doch so viel Verständnis und Liebe entgegenbrachten.

Die Verwandlung

Kaum hatte ich die Frage gestellt, da kullerten dicke Tränen aus ihren geschlossenen Augen. Sie erzählte mir, dass sie immer noch Angst habe, dass man sie wieder zurück ins Heim bringe. Aus Angst, ihre Pflegeeltern wieder zu verlieren, weigerte sie sich, in der neuen Umgebung heimisch zu werden, um den erwarteten Trennungsschmerz möglichst gering zu halten.

Im Einverständnis mit ihren Pflegeeltern erzählte ich ihr im Zug der Hypnomeditation, dass ihre Eltern sie so lieb gewonnen hätten, dass diese sie für immer behalten und sie auch adoptieren würden; dann sei sie endlich deren »richtige« Tochter und brauche nie mehr zurück ins Heim.

Von diesem Tag an war Brigitte wie verwandelt. Heute hat sie jeder gern.

Straßenbahnangst

Frau Koss war eine emanzipierte und selbstbewusste junge Dame. Sie war glücklich verheiratet und hatte eine kleine Tochter von zwei Jahren. Vor einem Jahr hatte sie festgestellt, dass sie in der Straßenbahn jedes Mal schreckliche Angst bekam, obwohl ihr das früher nichts ausgemacht hatte. Damals war sie jeden Tag mit der Straßenbahn gefahren. Nach der Geburt ihrer Tochter aber war sie umgezogen, und danach war sie nicht mehr mit der Tram gefahren.

Eine unerklärliche Angst

Als sie jedoch vor einem Jahr eine Freundin besuchen wollte und dazu die Straßenbahn benutzen wollte, merkte sie schon beim Einsteigen, wie sie feuchte Hände bekam und ihr die Knie weich wurden. Dann stieg diese unerklärliche Angst in ihr hoch, sodass sie nach zwei Stationen aussteigen musste und mit dem Taxi weiterfuhr. Sie fand das selbst albern; aber sie glaubte, sich nicht dagegen wehren zu können.

Zu mir in die Praxis kam sie, weil eine Freundin bei mir durch Hypnomeditation achtzehn Pfund verloren hatte. Sie hatte nun ebenfalls die Absicht, ein paar Pfund abzunehmen, die sich während ihres letzten Urlaubs »angeschmeichelt« hatten. Im Gespräch erwähnte sie nebenbei ihre Straßenbahnangst. Ich informierte sie, dass wir gute Aussichten hätten, auch diese Angst zu beseitigen.

In Hypnose gab das Unterbewusstsein Auskunft

Die Einleitung der Hypnose machte einige Schwierigkeiten. Sie war so nervös, dass es ihr schwer fiel, plötzlich abzuschalten. Erst bei der dritten Sitzung gelang es dann, und wir begannen mit der eigentlichen Hypnomeditation. Bei der siebten Sitzung konnte ich ihr Unterbewusstsein fragen, wie es zu der Straßenbahnangst gekommen sei. Ohne einen Augenblick zu zögern, erzählte sie mir, dass ihr während der Schwangerschaft oft übel geworden sei, besonders während sie mit der Straßenbahn zum Arzt gefahren sei.

Wenn dann an den heißen Sommertagen die Bahn vollbesetzt war, bereitete ihr die schlechte Luft solche Schwierigkeiten, dass sie Angst hatte, nicht bis zum Arzt durchzuhalten. Es ging aber trotzdem immer gut.

Die Aufhebung der unterbewussten Assoziation

Nach der Geburt hatte sie dies alles längst vergessen, aber ihr Unterbewusstsein verband immer noch »Straßenbahn« mit »Übelkeit«. Als ich ihr diesen Zusammenhang erklären konnte, war die Übelkeit in der Straßenbahn beseitigt.

Angst vor jeder Uhr

Herr Wendtland hatte Angst vor jeder Uhr. Sobald er nur eine Uhr sah, wurden ihm die Knie weich. Ihm wurde dann so schwindlig, dass er kaum noch gehen konnte. Dabei war er ein selbstbewusster Mann, erfolgreich im Beruf und glücklich verheiratet. Er hatte drei reizende Kinder, einen schönen Bungalow und keine wirtschaftlichen Sorgen. Kaum vorstellbar, dass ein solcher Mann überhaupt vor etwas Angst haben sollte – und dann auch noch vor Uhren.

Die Folge eines Fliegerabenteuers

In unserem einleitenden Gespräch erfuhr ich, dass Herr Wendtland im letzten Weltkrieg Hauptmann bei der Luftwaffe und Jagdflieger gewesen war. Bei seinen Einsätzen war er zweimal abgeschossen worden. Trotzdem hatte er danach keine besondere Angst empfunden. Die Angst zeigte sich zum ersten Mal nach seinem dritten Absturz. Er war von der Normandie aus zu einem Einsatz über dem Ärmelkanal gestartet und war auch bald auf feindliche Jäger gestoßen. Es kam zu einem erbitterten Gefecht, wobei es ihm gelang, einen feindlichen Jäger abzuschießen. Dabei muss ihm plötzlich bewusst geworden sein, dass die wilde Kurbelei schon sehr lange gedauert hatte. Ein Blick auf die Benzinuhr zeigte ihm, dass er mit dem Treibstoffrest kaum noch den Fliegerhorst erreichen konnte. Sofort löste er sich aus dem Gefecht und versuchte im Tiefflug wenigstens die Küste zu erreichen.

Die Wellen waren gefährlich nahe, sein Funkgerät war ausgefallen. Weit und breit war keine Maschine seiner Staf-

Die Benzinuhr war im roten Bereich

fel zu sehen. Immer wieder der besorgte Blick auf die Benzinuhr: Wird der Treibstoff noch reichen? Der Zeiger war schon lange im roten Bereich. Jeden Moment konnte der Motor aussetzen. Endlich kam die Küste in Sicht. Kaum hatte er sie überflogen, begann auch schon der Motor zu stottern, und er musste notlanden. So kam er in Gefangenschaft.

Die Klärung des Zusammenhangs befreite ihn

Seither hatte er eine ungewöhnliche Angst, wenn er eine Uhr sah. Sonderbar, dass ihm dieser Zusammenhang erst in unserem Gespräch deutlich wurde. Vier Behandlungen mit Hypnomeditation genügten, um ihn für immer von seiner Angst zu befreien.

Angst vor der Fahrprüfung

Sie fiel viermal durch

Wenn man Frau Beyer so ansah, konnte sie einem wirklich Leid tun. Sie war ganz geknickt; denn soeben war sie wieder durch die Fahrprüfung gefallen – zum vierten Mal. Dabei hatte sie fest damit gerechnet, dass sie es diesmal schaffen würde. Mit ihrem Mann hatte sie einen kleinen Stand auf dem Wochenmarkt, und es wäre eine große Entlastung gewesen, wenn auch sie endlich den Führerschein bekommen hätte. Doch es war stets das Gleiche. Nach anfänglichen Schwierigkeiten fuhr sie inzwischen recht sicher. Immerhin hatte sie es auch bereits auf 64 Fahrstunden gebracht. Aber sobald der Prüfer hinter ihr im Wagen saß und es darauf ankam, versagte sie.

Eigentlich hatte sie die Hoffnung bereits aufgegeben und war nur zu mir in Behandlung gekommen, um mit ihrer Verzweiflung fertig zu werden, weil sie sich nun als Versager fühlte. Genau diesen Vorwurf machte ihr Mann ihr ständig. Deshalb bat ich zunächst ihren Mann zu mir in die Praxis und veranlasste ihn, mehr Verständnis für die Situation seiner Frau zu haben und sie mit seinen Vorwürfen nicht in die Enge zu treiben. Er war nicht so zart besaitet und konnte sich so etwas wie Prüfungsangst einfach nicht vorstellen. Er versprach aber, nicht mehr darüber zu sprechen, um seine Frau nicht noch zusätzlich zu belasten.

Vorwürfe verschlimmern die Situation

Als dieser Druck von ihr genommen war, konnte ich sie doch noch überreden, einen letzten Versuch zu wagen und sich erneut zur Prüfung anzumelden. Wir hatten Zeit genug, denn der Prüfungstermin lag erst einen Monat später. Nach einigen Behandlungen durch Hypnomeditation war sie ruhig und sicher geworden. Wir fuhren einige Male auf einen Verkehrsübungsplatz, wo ich mich überzeugen konnte, dass sie tatsächlich fahren gelernt hatte.

Mit Bildmeditation klappte es

Diese Überzeugung verstärkte ich durch Hypnomeditation und gab ihrem Unterbewusstsein in bildhafter Darstellung die Gewissheit, dass sie es diesmal schaffen würde. Und sie kam durch.

Prüfungsangst aus einem völlig anderen Grund

Einen ganz besonderen Fall von Prüfungsangst erlebte ich bei Marcus. Er war dreizehn und hatte keinerlei Schwierigkeiten in der Schule. Er lernte fleißig und gehörte zu den besten Schülern seiner Klasse. Vor Klassenarbeiten hatte er keine Angst; er wusste, dass er gut war.

Es war nicht die Angst vor der Erdkunde

Das änderte sich ganz plötzlich an einem Donnerstag, fünf Wochen bevor er zu mir kam. Überraschend hätte er eine Erdkundearbeit schreiben sollen. Erdkunde war zwar nicht gerade sein Lieblingsfach; aber es hatte ihm bisher keine besonderen Schwierigkeiten gemacht, jeweils mit einer Drei abzuschneiden.

Diesmal aber war plötzlich alles anders. Schon bei dem Gedanken an die Klassenarbeit wurde ihm schlecht und schwindlig, und er hatte das Gefühl, ohnmächtig zu werden, sodass ihm der Lehrer riet, nach Hause zu gehen. Er schlich die Treppen hinunter. Kaum trat er aus der Schule auf den Hof, waren seine Beschwerden wie weggeblasen. Um die Arbeit nicht unnötig zu versäumen, ging er zurück. Doch als er vor der Klasse stand, begann alles wieder von vorn.

Unbewältigte Kindheitserlebnisse können später zu einem Trauma führen

Natürlich berichtete er seinen Eltern von dem ungewöhnlichen Erlebnis. Von ihnen wurde ich noch am gleichen Tag benachrichtigt. Auch ich stand vor einem Rätsel, denn ich glaubte ihm, dass er gern die Arbeit mitgemacht hätte und keinen Grund hatte, sich zu drücken. In einem solchen Fall strebe ich sonst stets in der Hypnomeditation eine geistige Konfrontation mit der Angst an, aber in diesem Fall war die Angst offensichtlich an seinen Platz in der Klasse gebunden und sonst bisher nie aufgetreten.

Es war die Schlange

Aus diesem Grund wollte ich heute in der Hypnomeditation zunächst das Unterbewusstsein nach der Ursache der plötzlichen Angst fragen. Kaum hatte ich die Hypnomeditation ausreichend vertieft und meine Frage gestellt, als er zu weinen begann und mir erzählte, dass er mit drei Jahren einmal im Zoo von einer Schlange erschreckt worden war. An dem kritischen Donnerstag hatte sein Nebenmann eine kleine Plastikschlange bei sich, deren Anblick wohl diese unbewältigte Angst ausgelöst hatte. Als ihm dieser Zusammenhang bewusst wurde, war seine »Prüfungsangst« vorbei.

Herzinfarkt und das Raucherproblem

Berufliche Sorgen

Monsieur Bertrand war bestürzt. Soeben hatte er die Nachricht erhalten, dass der Umsatz im laufenden Geschäftsjahr um siebzehn Prozent zurückgegangen war. Dieses Ergebnis übertraf alle seine Befürchtungen. Nachdenklich blickte er aus dem Fenster seines Büros im obersten Stockwerk des Verwaltungsgebäudes seiner Firma. Von hier hatte man einen wunderbaren Blick auf das Panorama der Stadt Köln und den Dom; aber heute hatte er keinen Sinn dafür. Immer wieder fragte er sich: Wie war das nur möglich?

Vor einem Jahr war er mit seiner Frau und den beiden Kindern aus seiner französischen Heimat nach Köln gekommen, weil seine Firma ihm die Leitung des deutschen Vertriebsnetzes angeboten hatte. Sie fanden ein nettes Haus am Rand der Großstadt und hatten sich rasch eingelebt. Auch die Kinder fühlten sich wohl, zumal sie ganz in der Nähe ihres neuen Heims einen Reitstall entdeckt hatten. So konnten sie zum Wochenende gemeinsam reiten. An Werktagen blieb Herrn Bertrand hierfür keine Zeit.

Erhöhter Stress

Stets war er morgens im Büro der Erste. Vor acht Uhr abends kam er selten nach Hause. Seine ganze Kraft widmete er seiner Firma und war sicher, dass er die ihm gestellte Aufgabe, den Umsatz der Firma wieder zu steigern, schaffen würde. Er hatte weder sich selbst noch seine Mitarbeiter geschont. Sie waren ein gutes Team. Trotzdem hatte er es nicht geschafft. Die Zahlen sprachen eine unmissverständliche Sprache.

Der Stich in der Herzgegend

Gerade als er zum Telefon greifen wollte, um die veränderte Situation nach Paris zu melden, spürte er den ersten Stich in der Herzgegend. Es gelang ihm noch, die Ruftaste zu seiner Sekretärin zu drücken, als sich sein Herz erneut zusammenpresste und alles um ihn herum so unwirklich wurde. Er sah das erschreckte Gesicht seiner Sekretärin vor sich, wollte sprechen, aber er brachte keinen Ton mehr über die Lippen. Dann schlug er hart auf dem Teppichboden seines Büros auf.

Seine Sekretärin verständigte sofort den Notarzt, der in wenigen Minuten zur Stelle war. Eine kurze Untersuchung genügte, um die Diagnose festzustellen: Herzinfarkt. Sofort wurde das Krankenhaus verständigt. Der Notarzt gab ihm eine Kreislaufspritze. Wie durch einen verschwommenen Vorhang erlebte Herr Bertrand alles mit, stets bei vollem Bewusstsein, aber unfähig, sich auch nur mit einem Wort verständlich zu machen. Alles schien so seltsam fern und berührte ihn gar nicht mehr.

Als Monsieur Bertrand wieder zu sich kam, befand er sich in einem fremden Raum. Vergeblich versuchte er seine Gedanken zu ordnen. Was war geschehen? Wo befand er sich, und warum war er hier? Er fand keine Antwort. Als die Schwester an sein Bett trat, wollte er fragen, aber er war noch zu schwach. Gegen Abend besuchte ihn seine Frau für ein paar Minuten. Mehr hatte der Arzt nicht erlaubt. Es tat gut, wieder ihre Hand halten zu können und ihre Liebe zu spüren. Da kam auch schon die Schwester. Die Zeit war um.

Er war wieder allein mit seinen Gedanken. Wie würde es weitergehen? Gerade in dieser Situation brauchte ihn seine Firma. War das wirklich noch wichtig?

Er rauchte trotzdem weiter

Seine Genesung machte nur langsam Fortschritte. Zu viele sorgenvolle Gedanken gingen ihm durch den Kopf. Er hatte Verlangen nach einer Zigarette, aber der Arzt hatte ihm das Rauchen streng untersagt. Dabei hatte er bisher stets 60 bis 80 Zigaretten am Tag geraucht. Von einem anderen Patienten bekam er eine Zigarette, die er auf der Toilette rauchte. Er musste an seine erste Zigarette denken, die er in der Schule geraucht hatte, auch auf der Toilette.

Heimlich ließ er sich Zigaretten besorgen und rauchte wieder regelmäßig. Dem behandelnden Arzt blieb das natürlich nicht lange verborgen. Er warnte ihn eindringlich, das Rauchen sofort einzustellen, denn jede Zigarette konnte einen Rückfall auslösen, den er nicht überleben würde. Gleichwohl schaffte er es einfach nicht. Immer wieder sagte er sich, dies solle nun seine »letzte« Zigarette sein, um kurze Zeit darauf dann zur »allerletzten« zu greifen.

Hypnomeditation als wirkliche Hilfe

Als er aus dem Krankenhaus entlassen wurde, kam er sofort zu mir in Behandlung und erzählte mir diese Geschichte. »Es ist für mich lebenswichtig, nicht mehr zu rauchen«, sagte er, »aber allein schaffe ich es einfach nicht.«

Ich setzte mich sofort mit seinem Arzt in Verbindung, um mich zu informieren, ob dieser irgendwelche Bedenken gegen eine Behandlung mit Hypnomeditation zu diesem Zeitpunkt habe. Der Arzt war nicht nur einverstanden, er begrüßte sogar diese Behandlung, da diese Art der Entspannung für die weitere Erholung nur von Vorteil sein könne.

Wir begannen also mir der einleitenden Entspannung zur Hypnomeditation; aber Herr Bertrand war so nervös, dass er sich einfach nicht entspannen konnte. Immer wieder schweiften seine Gedanken ab, zu seiner Familie, zu seiner Firma. Wir brauchten beide viel Geduld, bis er sich zum ersten Mal richtig entspannen konnte. Dann aber hatten wir keine Schwierigkeiten mehr. Zwar sagte er mir, dass er nach der ersten Sitzung trotzdem noch vier Zigaretten geraucht habe, aber nach der zweiten Sitzung rauchte er überhaupt nicht mehr. Dennoch benötigten wir sechs Sitzungen, um den Wunsch, nun nicht mehr zu rauchen, ganz tief in seinem Unterbewusstsein zu verankern.

Drei Monate später besuchte er mich noch einmal in meiner Praxis, um sich bei mir zu bedanken. Er war überzeugt, dass er es ohne meine Hilfe nicht geschafft hätte, das Rauchen aufzugeben. Dann wäre der nächste Infarkt so gut wie sicher gewesen.

In der Firma hatte er erzählt, wie er sich das Rauchen abgewöhnt hatte und wie einfach das schließlich gewesen sei. Nun fragte er mich, ob ich auch mit einer Gruppe Hypnomeditation machen könne, da sich einige Damen und Herren seiner Verwaltung ebenso leicht das Rauchen abgewöhnen wollten. Ich sagte mit Freude zu. Sie können sich sicher vorstellen, dass mir in solchen Augenblicken bewusst wird, wie viel Freude mir mein Beruf macht.

Liebe ist ein starkes Motiv

Er raucht 60 bis 80

Schon wenn Herr Baumgarten leise sprach, klirrten die Tassen im Schrank – und er sprach selten leise. Dabei war er so gutmütig, wie dies ein Mensch nur sein kann. Seine Frau konnte ihn um den Finger wickeln. Seine Speditionsfirma aber führte er mit straffer Energie. Das war auch nötig, denn die Zeiten waren längst nicht mehr so gut wie früher. Trotzdem konnte er sich auch jetzt nicht beklagen. Seine Kunden blieben ihm treu, denn sie schätzten seine absolute Zuverlässigkeit. Wenn es nötig war, dann setzte sich auch der Chef an das Steuer des Lastzuges, um einen übernommenen Auftrag rechtzeitig zu erledigen. Trotz seiner 62 Jahre war Herr Baumgarten in seinem Leben noch nie bei einem Arzt gewesen. »Ich habe keine Zeit, krank zu sein«, sagte er immer. Er brauchte kaum Schlaf und war voller Energie. Dabei rauchte er pro Tag seine 60 bis 80 Zigaretten.

Er gewöhnte sich das Rauchen ab – der Frau zuliebe

Das war dann auch der Grund, weshalb er zu mir kam. Seine Gesundheit machte ihm keine Sorgen. Nicht deshalb wollte er sich das Rauchen abgewöhnen; aber seine Frau hatte eine Lungenoperation hinter sich, und seither konnte sie den Rauch nicht mehr vertragen Mehrmals hatte er versucht, seiner Frau zuliebe auf das Rauchen zu verzichten, aber länger als ein paar Stunden hatte er das nie durchgehalten. Dazu war der Betrieb in seiner Spedition einfach zu hektisch. Sein Buchhalter war vor zwei Jahren bei mir gewesen und hatte seither nicht mehr geraucht, sehr zur Verwunderung seines Chefs. Nun wollte auch er das Rauchen endgültig aufgeben.

Es war nicht ganz einfach mit Herrn Baumgarten. Dem Unterbewusstsein traute er nicht viel zu. Von Ruhe und Entspannung hielt er gar nichts, aber er hatte Geduld. Bei der vierten Sitzung konnten wir endlich mit der eigentlichen Hypnomeditation beginnen. In drei weiteren Sitzungen hatten wir es dann so weit geschafft, dass er nicht mehr rauchte – zu seiner eigenen Verwunderung.

»Ich habe einfach kein Interesse mehr am Rauchen«, sagte er mir und konnte es selbst noch nicht glauben. Als er nach vier Wochen zur Schlusssitzung kam, bestätigte er, dass er seither tatsächlich nicht mehr geraucht hatte.

Alkoholsucht infolge Eifersucht

Als man Frau Dietrich in meine Praxis brachte, war sie wirklich in einem schlimmen Zustand. Die Haare hingen ihr wirr ins Gesicht, und sie war so betrunken, dass sie mir keine Frage beantworten konnte. Von ihrer Schwester und ihrem Mann, die sie gebracht hatten, erfuhr ich dann, wie es dazu gekommen war.

Die Eifersucht trieb sie der Flasche zu

Die Dietrichs hatten eine gute Ehe, aber die Frau war eifersüchtig. Ihr Mann hatte eine Fahrschule. Da war es natürlich nicht zu vermeiden, dass er mitunter auch sehr attraktive Fahrschülerinnen hatte. Dann erlitt Frau Dietrich stets Höllenqualen, bis ihr Mann endlich wieder zu Hause war. Aber sie ließ ihren Mann ihre Eifersucht nie spüren. Bis eines Tages eine »gute Freundin« bei ihr anrief und sie fragte, ob sie wisse, wo ihr Mann sei. »Natürlich«, sagte sie, »er hat Fahrstunde mit Frau Bändel.« Von der »Freundin« erfuhr sie dann aber, dass ihr Mann schon seit zwei Stunden bei Frau Bändel zu Hause sei. In einem so kleinen Ort blieb das nicht lange verborgen. Sie fuhr sofort hin und überraschte ihren Mann bei Frau Bändel in einer sehr peinlichen Situation.

Von diesem Tag an ließ sie ihren Mann ihre Eifersucht ständig spüren. Er musste jeweils abends berichten, wo er gewesen sei und warum. Obwohl er ihr versicherte, dass dies ein einmaliger »Ausrutscher« gewesen sei, glaubte sie ihm nicht mehr und steigerte sich immer mehr in ihre Eifersucht hinein. Immer häufiger griff sie zur Flasche, während ihr Mann auf Fahrstunden unterwegs war. Sie wurde kaum noch nüchtern. Natürlich blieb ihrem Mann das nicht verborgen, und er machte ihr heftige Vorwürfe. Als sich dann auch noch ihre einzige Tochter von ihr abwandte, verlor sie völlig den Halt und trank den ganzen Tag.

Hypnomeditation mittels Tonband

Das war die Situation, als man sie zu mir brachte. Da in diesem Zustand jegliche Hypnomeditation unmöglich war, sprach ich eine Behandlung auf Tonband, mit der Bitte, dieses mehrmals am Tag zu hören und erst wieder zu kommen, wenn sie völlig nüchtern sei. Einige Tage später kam sie dann allein und entschuldigte sich für ihren Zustand, in dem sie mich zum ersten Mal besucht hatte.

Durch Liebe und Verständnis heilen

Immerhin hatte ihr das Band so weit geholfen, dass sie seitdem nichts mehr getrunken hatte. In der Hypnomeditation sagte ich ihrem Unterbewusstsein, dass ihr von nun an immer schon beim ersten Schluck Alkohol so schlecht werden würde, dass sie sich übergeben müsse. Gleichzeitig zeigte ich ihr, wie sie selbst mit der positiven Bildtechnik die Abneigung gegen Alkohol weiter verstärken konnte. Außerdem bat ich ihren Mann und die kleine Tochter zu mir in die Praxis und veranlasste beide, in der nächsten Zeit ganz lieb und rücksichtsvoll zu ihr zu sein. Besonders die kleine Marion war sehr verständnisvoll, als ich ihr erklärte, dass die Alkoholsucht ihrer Mutter inzwischen zu einer Krankheit geworden sei und diese Krankheit nur mit sehr viel Liebe und Verständnis geheilt werden könne.

Sie trank nie mehr

Das liegt nun schon zwei Jahre zurück. Vor einigen Wochen kam Frau Dietrich wieder zu mir, weil sie sich nun auch noch das Rauchen abgewöhnen wollte. Sie erzählte mir, dass ihr Familienleben seit damals »wahrhaft paradiesisch« geworden sei. Sie hatte nie mehr Alkohol getrunken, und weil ihr Mann so lieb zu ihr geworden war, wollte sie für ihn das Rauchen einstellen, da er Nichtraucher war. Zwei Behandlungen genügten, und mit Hilfe der Hypnomeditation war auch dieser Wunsch erfüllt.

Krankhafter Ehrgeiz

Herr Neumann fühlte sich in letzter Zeit ausgesprochen unwohl. Seine Arbeit – er leitete ein gut gehendes Foto- und Werbeatelier – machte ihm neuerdings keine Freude mehr.

Nervös und überfordert

Er war ständig nervös und fühlte sich überfordert, obwohl die Arbeitslast in letzter Zeit eher etwas nachgelassen hatte. Seine Frau und die Kinder gingen ihm aus dem Weg, denn er hatte in letzter Zeit ständig an allem etwas auszusetzen. Schließlich wollte ihn seine Frau verlassen, weil sie die ständigen Auseinandersetzungen nicht mehr ertragen konnte.

Organisch gesund

Natürlich hatte er sich gründlich untersuchen lassen, aber alle Laboruntersuchungen kamen mit dem Befund zurück: Organisch gesund. Der Arzt war der Meinung, es handle sich wohl um eine vegetative Dystonie, und verschrieb ihm einige Medikamente, die ihm aber nicht halfen. Außerdem litt er immer häufiger unter Schlaflosigkeit, obwohl er früher stets tief und fest jede Nacht durchgeschlafen hatte.

Er magerte ab Die permanente Überforderung versetzte den Organismus in einen ständigen Alarmzustand. Herr Neumann spürte, dass er Raubbau mit seinen Kräften trieb. Doch die beruflichen Termine mussten eingehalten werden, obwohl ihm dies von Tag zu Tag schwerer fiel. Schon bei den geringsten Anlässen erregte er sich aufs äußerste. Diese Erregungen endeten immer öfter in Depressionen und Angstzuständen. Als Herr Neumann zu mir in die Praxis kam, war er nur noch ein Nervenbündel und hatte fast zehn Pfund abgenommen.

Der Kern seines Problems In unserem Gespräch zeigte sich rasch, dass Herr Neumann sehr ehrgeizig war. Seit die Aufträge aus Kreisen der Industrie spärlicher flossen, war der Konkurrenzkampf unerträglich hart geworden. Da er versuchte, unter allen Umständen den Umsatz zu halten, wurde er immer häufiger gezwungen, auch weniger lukrative Aufträge anzunehmen.

Zwar fand er in den nun folgenden Hypnomeditationen allmählich seine Ruhe wieder, aber erst als er auch einen Kursus für Psychokybernetik mitgemacht hatte, erkannte er, dass der Kern seines Problems sein Ehrgeiz war. Einige Wochen nach dem Kursus rief er mich an und sagte mir, dass er seinen Ehrgeiz inzwischen gebremst habe und sich nun wieder wohl fühle wie in seiner besten Zeit.

Kleptomanie

Auf frischer Tat ertappt

Gerade wollte die Dame im eleganten Pelzmantel das Kaufhaus verlassen, als sich ihr ein Herr in den Weg stellte und sie höflich, aber bestimmt aufforderte, ihn zum Direktionsbüro zu begleiten. Dort wies sich der Herr als Hausdetektiv aus und erklärte ihr, dass er beobachtet habe, wie sie ein Feuerzeug in ihre Manteltasche gesteckt habe und dann das Kaufhaus verlassen wollte, ohne zu bezahlen.

Die Frau protestierte energisch und weigerte sich, ihre Taschen zu leeren. Aber als der Hausdetektiv zum Telefon griff, um die Kriminalpolizei anzurufen, gab sie nach. Unter Tränen gestand sie, dass sie, einem unerklärlichen Zwang folgend, das Feuerzeug einfach nehmen musste, obwohl sie in ihrer Handtasche ein wunderschönes goldenes Feuerzeug bei sich trug. Sie hatte selbst keine Erklärung dafür, warum sie dann ohne zu bezahlen an der Kasse vorbeiging und das Kaufhaus verlassen wollte.

Ein unerklärlicher innerer Zwang

Das entwendete Feuerzeug hatte nur einen Wert von DM 3.95, aber das änderte nichts an der Tatsache, dass sie bei einem Ladendiebstahl entdeckt worden war, und die Direktion des Kaufhauses brachte grundsätzlich jeden Ladendiebstahl zur Anzeige. Nur mit großer Mühe gelang es ihr, den leitenden Herrn zu überzeugen, dass eine Anzeige die Karriere ihres Mannes ruinieren konnte, nachdem er eine sehr exponierte Position innehatte und er doch wirklich nicht für die Eskapaden seiner Frau bestraft werden sollte.

Schließlich einigte man sich auf eine beachtliche Geldbuße, und damit war die Angelegenheit erledigt. Es war noch einmal glimpflich verlaufen. Aber wie würde es beim nächsten Mal sein, wenn dieser »unerklärliche Zwang« sie wieder veranlassen sollte, etwas zu stehlen?

Als sie zu mir in die Praxis kam, war sie mit den Nerven völlig fertig. Unzählige Male hatte sie sich vorgestellt, was passieren würde, wenn sie wirklich einmal angezeigt würde und es zu einem Gerichtsverfahren käme. Sie hatte sich fest vorgenommen, diesem Zwang auf keinen Fall zu folgen, aber tief in ihrem Innersten wusste sie, dass sie eines Tages doch wieder schwach werden würde.

»Können Sie mir helfen?«, war ihre bange Frage, als sie mir die ganze Geschichte erzählt hatte. »Ich weiß mir keinen Rat mehr.«

Die Älteste von fünf Geschwistern

Ich bat sie, mir ihr ganzes Leben zu erzählen, um einen Anhaltspunkt dafür zu bekommen, wie es zu dieser zwanghaften Neigung gekommen war. So erfuhr ich, dass sie ihren Vater früh verloren hatte und als älteste von fünf Geschwistern stets verzichten musste, damit für die kleineren das Notwendigste gekauft werden konnte.

Verborgene Sehnsüchte einer freudlosen Kindheit

Oft stand sie vor den erleuchteten Schaufenstern und stellte sich vor, wie es sein würde, wenn sie eines Tages viel Geld hätte und sich diese schönen Sachen kaufen könnte. Aber das blieb lange ein Traum – zu lange. Irgendwann hatte sie dann der Versuchung nicht widerstehen können und etwas genommen, obwohl sie wusste, dass sie es nicht bezahlen konnte. Unbemerkt verließ sie das Geschäft. So nahm das Verhängnis seinen Lauf.

Sie war eine angenehme Patientin. Geduldig befolgte sie alle meine Ratschläge. So hatten wir schon beim ersten Besuch einen guten Kontakt. In der Hypnomeditation durchlebte sie noch einmal die Sorgen und Nöte ihrer Kindheit. Dann begannen wir mit Hilfe der Bildmeditation das unerwünschte Verhalten zu löschen und das vorher eingehend besprochene Verhaltensmuster ihrem Unterbewusstsein einzugeben.

Von der Kleptomanie befreit

Es war wirklich erfreulich zu sehen, wie sie von Mal zu Mal ruhiger und sicherer wurde. Nach der fünften Sitzung konnte ich die Behandlung abbrechen. Sie hatte in der Hypnomeditation die Sehnsüchte ihrer Kindheit, die immer noch unerfüllt in ihrem Unterbewusstsein schlummerten, mit Hilfe der Bildmeditation erfüllt und damit die Ursache für ihr Verhalten beseitigt. Sie war für immer von ihrer Kleptomanie befreit.

Die Überwindung von Interesselosigkeit

Eine Motivation finden

Ralph war fünfzehn, als er zum ersten Mal zu mir kam. Die Noten in seinem Zeugnis waren so schlecht, dass die Eltern ihn von der Schule nehmen wollten, obwohl sie gern gesehen hätten, wenn er es wenigstens bis zur Mittleren Reife gebracht hätte. Er selbst interessierte sich nicht weiter für seine Noten. Auch das Schimpfen seiner Eltern berührte ihn nicht sonderlich. Pläne für die Zukunft hatte er nicht. Hier setzte ich zunächst an, um ihm eine Motivation für eine Änderung seiner Haltung zu geben. Nach einigen Überlegungen kam er zu dem Schluss, dass er sehr gern zur Polizei gehen würde. Dazu brauchte er aber die Mittlere Reife. So begann er sich für die Möglichkeit der Leistungssteigerung in Schule und Sport durch Hypnomeditation zu interessieren.

Im Sensitiv-Training Empfindungen steigern

Mit Schülern arbeite ich meist in Gruppen, wobei vorher in einer Einzelsitzung durch Hypnomeditation ein Vorprogramm dem Unterbewusstsein des Einzelnen eingegeben wird. Die Gruppenarbeit machte Ralph sehr viel Spaß, zumal diese immer wieder mit Spielen und Wettbewerben abwechslungsreich gestaltet wurde. Ein Ziel der Gruppenarbeit ist es, zu erreichen, dass jeder sich mit den Leistungen der anderen misst. Dazu wird im Sensitiv-Training die Empfindung für alle Sinneseindrücke sehr gesteigert. In einem anderen Teil der Gruppenarbeit werden Hemmungen abgebaut, damit man nicht einen Teil seiner Kraft verschwendet, um sich selbst zu behindern.

Allmählich arbeitete Ralph intensiv und aufgeschlossen mit. Zusehends begann sich auch infolge seines gesteigerten Interesses am Lernen die Wissenslücke zu schließen. Die Noten besserten sich. Die eigentliche Wirkung der Gruppenarbeit zeigt sich natürlich zumeist erst lange nach Beendigung der Behandlung.

Vor einigen Tagen rief mich seine Mutter an, um mir zu sagen, dass Ralph, inzwischen schon auf der Polizeischule, als einziger Prüfling eine Eins geschrieben hat. Sie wollte mir das sagen, damit ich mich mitfreuen könne. Es war für mich sehr interessant zu erfahren, wie lange die positive Wirkung der Hypnomeditation anhält.

Überwindung von Hemmungen

Er wäre am liebsten in den Boden versunken

Thomas war siebzehn, sah gut aus und hatte dementsprechend Erfolg bei Mädchen. Aber Thomas hatte Hemmungen, wurde rot, begann zu stottern und wäre am liebsten vor Verlegenheit im Boden versunken.

Eigentlich war er zu mir gekommen, weil seine Schulleistungen nachgelassen hatten. Im Gespäch hatte sich aber sehr schnell gezeigt, dass die Ursache dafür in seiner Unsicherheit gegenüber den Mädchen lag. So machte ich mir Gedanken, wie man ihm helfen konnte. Da ich zur gleichen Zeit einen ähnlichen Fall in meiner Praxis hatte, kam mir die Idee, beide gleichzeitig zu behandeln.

Sie gestattete nicht einmal einen Kuss

Gaby war neunzehn und ungewöhnlich hübsch. Sie hatte lange blonde Haare. Die jungen Männer rissen sich um ihre Bekanntschaft. Sie hatte einen festen Freund, den sie bereits seit zwei Jahren kannte, dem sie aber bisher nicht einmal einen Kuss gestattet hatte. Deshalb hatten sie sich schon mehrfach getrennt, dann aber doch immer wieder zueinander gefunden. Sie hatte ihn wirklich sehr gern; aber es gelang ihr einfach nicht, ihre Hemmungen abzulegen. Im Gegenteil, je mehr sie darüber nachdachte, umso schlimmer wurde es.

Abhilfe durch Wort- und Bildmeditation

Die beiden jungen Menschen waren mit einer gemeinsamen Behandlung einverstanden. Wir stimmten die Wort- und Bildmeditation so ab, dass sie für beide Gültigkeit hatte. Bei der Einleitung der Hypnomeditation zeigte sich, dass Thomas sich auf Kommando völlig entspannen konnte. Gaby aber war bei der ersten gemeinsamen Behandlung so verkrampft, dass ich nur einen ganz oberflächlichen Hypnosezustand erreichte. Erst bei der vierten Behandlung erreichte auch Gaby die »Arbeitsebene«.

Als wir bei der achten Behandlung damit begannen, die schwierigen Situationen realistisch durchzuspielen, hatten beide zwar rote Ohren, aber keine Hemmungen mehr. Nach der neunten Sitzung konnte ich die Behandlung erfolgreich beenden.

Hemmungen gegenüber Frauen

Er fühlte sich einsam

Mitunter hindern uns unsere Hemmungen gerade das zu tun, was wir dringend zur Lösung unserer Probleme tun müssten. So war es wohl bei Herrn Koss. Er kannte sein Problem ganz genau: er fühlte sich einsam. In seiner Gärtnerei vergrub er sich in seine Arbeit. Die Sehnsucht nach einer lieben Frau wurde immer stärker; doch seine Hemmungen waren so stark, dass er sich keiner Frau zu nähern wagte.

Als er zu mir kam, erfuhr ich, dass er tagsüber oft ohne besonderen Anlass weinen musste und dass sein einziger Trost die Malerei war. In seiner Freizeit malte er Bilder von einem ganz besonderen Reiz. Ich hatte Ähnliches vorher noch nie gesehen. Er zeigte seine Werke normalerweise nicht. Auch hatte er noch nie daran gedacht, ein Bild zu verkaufen.

Ein Akt der Erfolgsverwirklichung

Um seine Hemmungen abzubauen, veranlasste ich ihn, einer Ausstellung seiner Bilder zuzustimmen. Ein befreundeter Fotograf war mir behilflich, eine solche Ausstellung zu organisieren. Gleichzeitig konfrontierte ich ihn in der Hypnomeditation immer wieder mit dieser Ausstellung und ließ ihn gedanklich diese Ausstellung in immer neuen Variationen durchleben. Als es dann so weit war, war er so aufgeregt, dass er ums Haar nicht zu seiner eigenen Ausstellung gegangen wäre.

Die Ausstellung war ein voller Erfolg. Einige Bilder wurden verkauft; aber es zeigte sich, dass ich ihn doch überfordert hatte. Nach der Ausstellung zog er sich zunächst noch mehr zurück und kam auch einige Wochen nicht mehr zur Behandlung. Also besuchte ich ihn nach einiger Zeit und vermochte ihn zu überzeugen, dass die Überfülle der neuen Eindrücke ihn überfordert hatte. Ich hatte ihm zu schnell helfen wollen. In Zukunft möchten wir nur in ganz kleinen Schritten vorgehen, sagte ich ihm.

Seine Seele schloss sich auf

In vielen Sitzungen beseitigte ich Schritt für Schritt seine Hemmungen gegenüber Frauen, bis er in der Hypnomeditation das Zusammentreffen so oft geübt und gedanklich durchlebt hatte, dass er sich zutraute, dies auch in die Tat umzusetzen. Seine Seele schloss sich auf. Auf sein erstes Inserat erhielt er siebzehn Briefe. Aus seiner Reaktion sah ich, dass er meine Hilfe nicht mehr brauchte.

Ehe zu dritt

Er setzte seinen Willen durch

Nach einer Statistik sind vierzig Prozent aller Ehen für einen oder gar für beide Partner unbefriedigend. In achtundzwanzig Prozent der Ehen wird gelegentlich von Scheidung gesprochen. Eheprobleme sind also recht häufig; wenngleich wir nicht übersehen wollen, dass die gleiche Statistik auch aussagt, dass sechzig Prozent der Ehen offenbar ohne Probleme sind.

Das Problem des Herrn Berglar war recht ungewöhnlich. Alles hatte damit begonnen, dass er eines Tages seine Freundin mit nach Hause brachte und seiner sprachlosen Frau erklärte, dass diese ab sofort bei ihnen bleiben würde. Natürlich gab es harte Auseinandersetzungen und Tränen. Nach einiger Zeit hatte sich aber Frau Berglar mit der neuen Situation abgefunden und akzeptierte die Ehe zu dritt.

Plötzlich war er ganz allein

Herr Berglar hätte nun allen Grund gehabt, sich darüber zu freuen, hatte er doch seinen Willen durchgesetzt und lebte nun mit zwei hübschen Frauen zusammen. Mit der Zeit aber freundeten sich die beiden Frauen so miteinander an, dass er sich immer häufiger überflüssig vorkam. Eines Tages erklärten ihm beide Frauen, dass sie fortan ohne ihn auskommen würden. Seine Frau und seine Freundin zogen zusammen in eine eigene Wohnung. Er war plötzlich ganz allein.

Mit einer solchen Entwicklung hatte er sicher nicht gerechnet. Immer häufiger litt er unter Depressionen. Dazu kamen Minderwertigkeitsgefühle, was dazu führte, dass

Herr Berglar den Frauen gegenüber gehemmt wurde und immer häufiger versuchte, diese Hemmungen mit Hilfe des Alkohols zu überwinden. Das wiederum führte rasch zu beruflichen Schwierigkeiten. So kam er zu mir in die Praxis.

Sie versuchten es nochmal

Mit Hilfe der Hypnomeditation konnte ich ihn zwar recht schnell von seinen Depressionen und seiner Neigung zum Alkohol befreien, aber sie bot kein Patentrezept, um seine zutiefst zerrüttete Ehe wieder in Ordnung zu bringen. Er vermochte seine Frau zu bewegen, einmal mit ihm gemeinsam zu mir in die Praxis zu kommen, damit wir in einem gemeinsamen Gespräch prüfen konnten, ob noch eine Basis für eine Fortsetzung der Ehe gegeben war.

Tatsächlich kehrte sie nach einiger Zeit zu ihrem Mann zurück, was besonders die beiden Kinder freute.

Nervenzusammenbruch

Ein idyllisches Haus

Das Haus am Hang lag malerisch abseits vom Ort, mitten im Wald. Hierher drang kein Verkehrslärm – nur die Vögel zwitscherten um die Wette.

Das alles wollte so gar nicht zum Grund meines Besuches passen; denn ich war gerufen worden, weil der Hausherr und seine Frau einen Nervenzusammenbruch erlitten hatten. Ich konnte mir nicht vorstellen, wie man in dieser herrlichen Umgebung krank werden konnte. Sie erschien mir als der geeignete Platz, sich zu erholen.

Auf mein Klingeln öffnete die Haushälterin und führte mich in ein riesiges Wohnzimmer. Eine Wand bestand nur aus Glas. Von hier aus hatte man einen wunderbaren Blick über das Land. In dem mit rustikalen Möbeln eingerichteten Raum hingen zahllose Bilder. Bei einer Tasse Tee erzählte mir der Hausherr seine Geschichte.

Eine glückliche Ehe

Er war ein bekannter Maler, dessen Bilder sehr gefragt waren. Seine Frau war Grafikerin und lieferte für verschiedene bekannte Verlage Buchillustrationen. Sie hatten eine wunderbare Ehe, zumal sich auch beruflich viele Berührungspunkte ergaben. Allerdings hatten sie keine Kinder. Die Schwierigkeiten, die zu dem Nervenzusammenbruch geführt hatten, waren erst in den letzten Tagen aufgetaucht.

Angefangen hatte alles damit, dass Herr Bernhausen ein junges Mädchen kennen gelernt hatte, das ebenfalls Malerin werden wollte und seinen Rat suchte. Es war achtzehn und beeindruckt von dem Können, aber auch von der menschlichen Qualität des Meisters. So kam es, dass sich eine zarte Freundschaft anbahnte. Auch Frau Bernhausen schloss das Mädchen in ihr Herz.

Ein Mädchen an Kindes statt

Die junge Malerin wurde wie ein eigenes Kind in das Haus aufgenommen und lebte und arbeitete fortan in dieser idealen Gemeinschaft. Sie entwickelte ihren eigenen Stil und konnte die ersten eigenen Erfolge erzielen.

Inzwischen waren fast acht Jahre vergangen. Eines Tages lernte sie einen jungen Mann kennen. Es war Liebe auf den ersten Blick. Je mehr sich diese Liebe festigte, desto deutlicher erkannte sie, dass sie die Bernhausens verlassen musste. Als sie das klar erkannt hatte, war sie fair genug, sofort ganz offen mit Herrn und Frau Bernhausen darüber zu sprechen.

Eine Welt stürzte ein

Für die beiden stürzte eine Welt ein. Zu sehr hatten sie sich an das Zusammenleben zu dritt gewöhnt, und die gemeinsame Harmonie war ihnen unentbehrlich geworden, sodass sie glaubten, ohne sie nicht mehr auszukommen. Frau Bernhausen bekam einen Weinkrampf, und auch ihr Mann war so enttäuscht, dass er einen Nervenzusammenbruch erlitt. Dieser unerwarteten Belastung war seine sensible Künstlernatur nicht gewachsen. Natürlich wurde sofort ein Arzt verständigt, der beiden eine Beruhigungsspritze gab und einige Medikamente verschrieb. Damit war aber das Problem nicht gelöst, weshalb ich verständigt worden war.

Natürlich waren sich beide darüber einig, dass sich die junge Malerin völlig korrekt verhalten hatte und dass sie ihr nicht den geringsten Vorwurf machen konnten.

Gleiches Problem – Gemeinschaftsbehandlung

Da beide zur gleichen Zeit das gleiche Problem hatten, schlug ich eine Gemeinschaftsbehandlung durch Hypnomeditation vor, womit beide einverstanden waren. Bei Frau Bernhausen machte die Behandlung gute Fortschritte, aber ihr Mann machte mir Kummer.

Nach der dritten Gemeinschaftssitzung musste ich erkennen, dass er im Grund seines Herzens einfach nicht daran glauben wollte, dass diese schöne Gemeinschaft wirklich für immer zerstört sein sollte. Gegen jede Vernunft klammerte er sich an den Gedanken, die junge Freundin habe vielleicht inzwischen ihren Schritt bereut und fände nur nicht den Mut zurückzukommen. Es blieb mir nichts anderes übrig, als die junge Dame zu besuchen und sie zu bitten, den Wunschtraum des Herrn Bernhausen selbst zu zerstören. Wie zu erwarten war, wollte sie ein weiteres Zusammentreffen mit der Familie Bernhausen eher vermeiden; dies würde, meinte sie, die Wunde nur neuerlich aufreißen. Ich konnte sie dennoch überzeugen, dass sie das den beiden schuldig war. So kam sie gleich mit mir.

Das gemeinsame Gespräch war nicht gerade erfreulich, aber es erfüllte schließlich seinen Zweck. Herr Bernhausen sah ein, dass er einem Wunschtraum nachhing, der nicht mehr in Erfüllung gehen konnte.

Neuer Lebensmut durch Hypnomeditation

Nachdem dieser Traum restlos zerstört war, machte die Behandlung durch Hypnomeditation rasche Fortschritte. Mit Hilfe der Wort- und Bildtechnik entwarfen wir eine neue Welt, in der kein Platz mehr für einen dritten war. Zu meiner eigenen Überraschung konnten wir die Behandlung nach der achten Sitzung mit einem vollen Erfolg für beide abbrechen.

Wieder einmal hatte sich gezeigt, dass die Hypnomeditation ein idealer Weg ist, um seelische Schäden schnell und sicher zu beseitigen und den Betroffenen neuen Lebensmut zu geben.

Drogensucht

Die Stimme am Telefon klang verzweifelt: »Meine Tochter ist drogensüchtig, wahrscheinlich schon lange; aber wir haben es erst gestern erfahren. Glauben Sie, dass man da noch etwas machen kann?«

Es handelte sich um die einzige, sechzehn Jahre alte Tochter. Am Vortag hatten die Eltern erfahren, dass die Tochter schon seit Tagen nicht mehr zur Schule gekommen war, obwohl sie jeden Morgen pünktlich das Haus verlassen hatte.

Wozu noch zur Schule gehen?

Als sie dann von der »Schule« nach Hause gekommen war, hatte es eine erregte Auseinandersetzung gegeben, in deren Verlauf die entsetzten Eltern erfuhren, dass ihre Tochter die Schule nicht länger besuchen und nach Köln zu einigen Freunden ziehen wolle. Sie eröffnete ihren Eltern, dass sie schon seit langem Drogen nehme und ohnehin nicht mehr lange leben würde. »Wozu da noch zur Schule gehen?«

Sie weigerte sich natürlich auch, einen Arzt aufzusuchen oder sich bei einer Beratungsstelle für Drogensüchtige über die Möglichkeit einer Entziehungskur zu informieren. Immerhin erklärte sie sich bereit, vorläufig noch zu Hause zu wohnen.

Es war völlig ausgeschlossen, sie zu bewegen, zu mir in die Praxis zu kommen. So erklärte ich mich zu einem Hausbesuch bereit, bei dem ich »zufällig« meine zukünftige Patientin kennen lernen sollte. Ich war zur vereinbarten Zeit zur Stelle, aber Doris, so hieß die junge Dame, war gleich nach dem Essen ausgegangen. Wir warteten zwei Stunden vergeblich. Ich fuhr zurück in meine Praxis, aber schon nach kurzer Zeit erhielt ich den Anruf der Mutter, ob ich nochmals kommen könne, ihre Tochter sei inzwischen nach Hause gekommen.

Akupunktur-Diagnosen

Um keinen Verdacht zu erregen, hatte ich eine Behandlung der Mutter vereinbart. So konnte ich die Tochter bitten, mir dabei behilflich zu sein. Meine Ohrakupunktur-Diagnose ergab, dass Blase und Nieren angegriffen waren. Auch die Migränepunkte ließen keinen Zweifel offen. Ich setzte einige Nadeln an und wandte mich dann der Tochter zu. Sie aber hatte Angst vor den Nadeln und wollte von einer Behandlung nichts wissen. Schließlich war sie aber doch einverstanden, dass ich ihr Ohr mit dem Neutralstab untersuchte, um zu sehen, ob ihr Ohr irgendwelche Krankheiten anzeigen würde.

Es zeigte sich, dass die Punkte für Leber, Milz und Bauchspeicheldrüse aufleuchteten, und der Nierenpunkt war so schmerzhaft, dass ich ihn kaum mit dem Neutralstab berühren durfte. Hier war wirklich keine Zeit zu verlieren! Ich bat darum, sie allein sprechen zu können.

In dem folgenden Gespräch erklärte ich ihr ganz offen, eine Behandlung sei dringend erforderlich, weil jede Verzögerung die Sache nur noch schlimmer mache. Sie war ziemlich erschrocken, erklärte aber entschieden, dass eine Behandlung mit Nadeln nicht in Frage komme. Natürlich ging ich sofort darauf ein und schlug eine Behandlung durch Hypnomeditation vor. Sie informierte sich genau über Art und Dauer dieser Behandlung und war dann bereit mitzumachen.

Wie vereinbart kam sie in meine Praxis. Ich bat sie, mir zunächst ihre Situation zu schildern, um die Ursache ihrer Erkrankung herausfinden zu können. Sie erzählte mir ganz offen, dass sie vor eineinhalb Jahren auf einer Party einen Studenten kennen gelernt hatte, der sie mit Drogen vertraut gemacht hatte und sie auch ziemlich regelmäßig damit versorgte. Inzwischen fand sie ihn längst nicht mehr so sympathisch, aber sie war von den Drogen abhängig geworden.

Sie täuschte Selbstsicherheit vor – aus Angst

Während sie mir ihre Geschichte erzählte, schwand ihre trotzige Selbstsicherheit allmählich dahin. Es zeigte sich immer deutlicher, dass sie sich nur nach außen so gab, um ihre tiefe Angst zu verbergen.

Wir begannen mit der Behandlung durch Hypnomeditation. Gleichzeitig veranlasste ich sie, einen Facharzt aufzusuchen, damit eine gründliche Untersuchung der betroffenen Organe durchgeführt werde. Das Ergebnis war wirklich nicht ermutigend. Zum Glück waren aber noch keine irreparablen Schäden entstanden.

In der Hypnomeditation machten wir gute Fortschritte. Sie kam stets pünktlich. Daher war ich überrascht, dass sie bei der vierten Sitzung ausblieb. Später erfuhr ich, dass sie das Verlangen nach einem »Schuss« übermannt hatte und sie wieder zu dem Studenten gefahren war.

Rückfall als heilsamer Schock

Zu ihrem Glück hatte sie einen so schrecklichen »Trip« hinter sich, dass sie mich von selbst anrief und einen neuen Termin verlangte. Das Erlebnis steckte noch in ihren Gliedern. Sie wollte selbst von der Droge loskommen.

23 Sitzungen waren nötig

Ich habe Doris nie gefragt, was sie dabei erlebt hat, um die Erinnerung daran nicht wieder aufzufrischen. Es muss wirklich schrecklich gewesen sein, denn von da an arbeitete sie so eifrig mit, dass ich wusste, wir würden erfolgreich sein. Gleichwohl waren 23 Sitzungen erforderlich, bis ich sicher sein konnte, dass sie die Sucht besiegt hatte. Heute ist sie völlig dagegen gefeit und glücklich verheiratet.

Teilweiser Gedächtnisschwund

Den Herrn Major Bölkow werde ich sicher nie vergessen, denn seine Geschichte war sehr ungewöhnlich. Er hatte ein großes Gut in Pommern gehabt. Seine Familie hatte bei der großen Flucht alles verloren. Irgendwie konnten sie sich durchschlagen und kamen wohlbehalten bei Bekannten am Niederrhein an. Nur den sehr wertvollen Familienschmuck hatten sie retten können. Um diesen in den Nachkriegswirren nicht auch noch zu verlieren, kam der Major auf die Idee, ihn im Jagdbezirk seines Freundes an einer markanten Stelle zu vergraben. Aber offensichtlich war die Stelle doch nicht markant genug gewesen, denn als er nach vielen Jahren den Schmuck ausgraben wollte, konnte er die Stelle nicht mehr finden.

Das Unterbewusstsein reagierte: er vergaß den Schatzort

Jahrelang hatte er versucht, nicht an den Schmuck zu denken, weil er befürchtete, man könnte ihn wegen seiner ehemaligen politischen Gesinnung über sein Vermögen befragen. Als sich diese Bedenken als grundlos erwiesen, konnte er sich an die genaue Stelle, wo der Schmuck vergraben war, nicht mehr erinnern. Jahrelang grub er erfolglos an allen möglichen Stellen. Inzwischen waren seine Frau und seine Tochter gestorben, und er lebte von seiner sehr bescheidenen Pension.

Zu mir in Behandlung kam er eigentlich nur, um sich das Rauchen abzugewöhnen. In unserem einleitenden Gespräch erfuhr ich dann die ganze Geschichte und bot ihm den Versuch an, sein Gedächtnis wieder aufzufrischen. Im Zug der Hypnomeditation zur Raucherentwöhnung hatte sich gezeigt, dass wir in der Hypnose eine tiefe Trance erreichen konnten.

Erfolgreiche Hypermnesie

In der Hypnose führte ich ihn dann zurück in das Jahr 1947 und forderte ihn auf, im Hypnosezustand eine genaue Beschreibung von der Stelle anzufertigen, an der er seinen Schmuck vergraben hatte. Man nennt dieses Phänomen der Hypnose Hypermnesie, das »Zurückrufen« vergessener Erinnerungen und Erlebnisse ins Gedächtnis. Als er nach Beendigung der Hypnose die Augen öffnete, fiel sein Blick sofort auf die Zeichnung. Er war sofort vom Erfolg überzeugt. Tatsächlich rief er mich noch am gleichen Tag an: er hatte den Schmuck gefunden.

Schlaflosigkeit

Frau Schneider hatte vor zwei Jahren ihren Mann verloren und sich dann entschlossen, ihrem einzigen Sohn die Metzgerei und die beiden Häuser zu überschreiben.

Dieser Entschluss war es, der sie nun nicht mehr schlafen ließ; denn nach ihrer Meinung verschwendete der Sohn das hart erarbeitete Geld. Gerade hatte sie erfahren, dass er sich sogar einen »Party-Keller« eingerichtet hatte. An seiner Garage hatte er eine automatische Öffnungsanlage montieren lassen. Dafür hatte Frau Schneider kein Verständnis. Ihr Mann hatte trotz seiner Kriegsverletzung bis zum letzten Tag die Garage selbst aufgemacht. In ihren Augen war das alles reine Spielerei und Geldverschwendung.

Auf meine Bitte hin besuchte mich ihr Sohn in meiner Praxis. Ich erfuhr, dass er seinen gesamten Betrieb mechanisiert und spezialisiert hatte. Der Gewinn hatte inzwischen die dreifache Höhe des letzten noch unter der Leitung seines Vaters erzielten Gewinnes erreicht. Einen geringen Teil davon hatte er benutzt, um den Party-Keller auszubauen, damit er seinen Gästen einen entsprechenden Rahmen bieten konnte. Das kam nur alle paar Monate vor und war seine einzige Unterhaltung, da er sonst bis zu vierzehn Stunden am Tag hart arbeitete.

Sie erkannte die Grundlosigkeit ihrer Sorgen

Als ich Frau Schneider einige Tage später hierüber informierte, weinte sie vor Freude, dass ihre Sorgen vergeblich gewesen waren. Ich war der Überzeugung, sie würde nun wieder schlafen können.

Das Unterbewusstsein hielt am Verhaltensmuster fest

Aber nach einiger Zeit kam sie erneut in die Praxis und berichtete, sie könne noch immer nicht schlafen, weil sie von den gleichen Sorgen heimgesucht werde, sobald sie sich ins Bett lege. Hier war offensichtlich das alte Verhaltensmuster im Unterbewusstsein noch immer aktiv, obwohl sie sich vom Verstand her einredete, dass diese Sorgen unbegründet seien.

Nach zwei Behandlungen durch Hypnomeditation fand sie ihre Nachtruhe wieder.

Die Wendung

Das Schreckgespenst der Pensionisten

Besonders von älteren Patienten höre ich immer wieder, dass sie unter Schlaflosigkeit leiden. Dabei hätten die meisten allen Grund, zufrieden zu sein. Kaum einer von ihnen hat finanzielle Sorgen. Sie hätten nun auch die Zeit, den früher vernachlässigten Hobbys nachzugehen. Aber offensichtlich verlernt man mit zunehmendem Alter, neue Interessen bzw. Gewohnheiten zu entwickeln. So blicken viele mit Schrecken auf jeden neuen, langen und leeren Tag. Ein Leben voller Pflichten liegt hinter ihnen, und nun wissen sie mit der plötzlichen Fülle an Freizeit nichts mehr anzufangen.

Ein typisches Beispiel hierfür ist Herr Jensen. Bis vor zwei Jahren war er Landesdirektor einer großen Versicherungsanstalt und trotz einiger gesundheitlicher Schwierigkeiten sehr zufrieden mit seinem Leben. Vierzig Jahre hatte er der gleichen Versicherungsgesellschaft gedient und ihr wesentliche Impulse gegeben. Er hatte bereits einige Jahre über das Pensionsalter hinaus gearbeitet, als man ihm nahe legte, seinen Abschied zu nehmen.

Das belastende Pensionistenproblem

Seine Arbeit war für die Gesellschaft sehr wertvoll gewesen, dementsprechend hatte man ihn auch honoriert. Daher kannte er keine wirtschaftlichen

Was tun mit so viel Freizeit?

Sorgen: er hatte drei Häuser, darunter ein großes Mietshaus, aber durch dessen Verwaltung war er nicht ausgelastet. Er vermisste seinen »Apparat«, seine Sekretärinnen und seinen Stab von fähigen Mitarbeitern, die seine ständig sprudelnden Ideen in die Tat umgesetzt hatten.

Schlaflosigkeit und Depressionen

Darum kam er sich jetzt nutzlos vor. Ein großer alter Mann, der darunter litt, dass man ihn nicht mehr brauchte, dass man ohne seinen Rat auskam. Infolge seiner Depressionen grübelte er zu viel. Auch litt er immer mehr unter Schlaflosigkeit, die seinen langen leeren Tag noch länger werden ließ. Also hatte er noch mehr Zeit zum Grübeln, was wiederum seine Depressionen vertiefte und ihn noch schwerer Schlaf finden ließ.

In dieser Situation kam er zu mir. Wir begannen zunächst mit Hypnomeditation, um ihm seine innere Ruhe wiederzugehen. Hierbei war der Kern der Behandlung folgende Verbalsuggestion, die ich in der Hypnomeditation seinem Unterbewusstsein eingab:

Suggestionsformel für Schlaflose und Deprimierte

»Sie sind ganz ruhig. Ein wunderbares Gefühl des Friedens und der Harmonie breitet sich in Ihrem Körper aus. Sie sind aus tiefstem Herzen froh und glücklich. Jeden Abend, wenn Sie ins Bett gehen, spüren Sie sofort wieder dieses wunderbare Gefühl des Friedens und der Harmonie. Sie können dann sofort einschlafen. Sie wachen nachts nicht mehr auf und schlafen jede Nacht tief und fest durch.

Sie haben einen gesunden, natürlichen und erholsamen Schlaf und wachen erst am Morgen auf, ganz frisch und erholt. Sie spüren dann sofort wieder dieses wunderbare Gefühl des Friedens und der Harmonie. Sie sind dann ganz heiter und gelöst und aus tiefstem Herzen froh und glücklich. Sie werden von Tag zu Tag immer heiterer und fröhlicher. Sie kennen keine Angst und keine Depressionen mehr, Sie sind jeden Tag heiter und gelöst und aus tiefstem Herzen froh und glücklich. Sie fühlen sich von Tag zu Tag immer besser.

Tiefe Gemütsprägung durch Wiederholung

Und jeden Abend, wenn Sie zu Bett gehen, fallen alle Sorgen von Ihnen ab. Sie spüren sofort wieder dieses wunderbare Gefühl des Friedens und der Harmonie und schlafen dann sofort ein. Sie wachen nachts nicht mehr auf, sondern schlafen jede Nacht tief und fest durch. Sie haben einen gesunden, natürlichen und erholsamen Schlaf. Sie wachen immer erst am Morgen auf, ganz frisch und erholt. Beim Erwachen spüren Sie sofort wieder dieses wunderbare Gefühl des Friedens und der Harmonie. Sie sind dann ganz heiter und gelöst und aus tiefstem Herzen froh und glücklich. Und den ganzen Tag über bleiben Sie heiter und gelöst. Sie fühlen sich von Tag zu Tag besser. Sie kennen keine Angst und keine Depressionen mehr, Sie werden von Tag zu Tag immer heiterer und fröhlicher. Es geht Ihnen von Tag zu Tag in jeder Hinsicht immer besser und besser.«

Danach ließ ich ihn noch eine halbe Stunde mit der Suggestion ruhen, damit sich dadurch meine Worte noch tiefer in sein Unterbewusstsein einprägen und Teil seiner Persönlichkeit werden konnten. Diese Behandlung wiederholten wir noch einige Male. Es war deutlich festzustellen, dass er ruhiger wurde. Er konnte auch schon besser schlafen. Aber dadurch war sein eigentliches Problem noch nicht gelöst.

Neue Interessen – neuer Lebenssinn

Wir überlegten also gemeinsam, was er zu bieten hatte und wer dafür Verwendung haben könnte. Er hatte viel Lebenserfahrung, brauchte keine wirtschaftlichen Rücksichten zu nehmen und hatte unbegrenzt Zeit. Sein Pensionsvertrag verbot ihm, seine speziellen Fachkenntnisse in Form von Seminaren an junge, aufstrebende Versicherungskaufleute weiterzugeben. Also blieb seine Lebenserfahrung. Auf der anderen Seite gibt es unzählige Leute, denen es an der erforderlichen Erfahrung fehlt und die dadurch keine Möglichkeiten sehen, ihre Probleme allein zu lösen. Hier bot sich also ein reiches Betätigungsfeld, zumal er seine Zeit kostenlos in den Dienst der guten Sache stellen konnte.

Heute ist sein Rat als Lebensberater sehr gefragt, und sein Terminkalender ist auf Wochen hinaus gefüllt. Trotzdem seine Tätigkeit oft sehr anstrengend ist – immerhin ist er schon über siebzig –, ist er stolz und froh, dass er wieder gebraucht wird. »Solange meine Gesundheit es erlaubt«, sagte er mir, »werde ich bis zum letzten Tag so weitermachen.«

7. Erfüllen Sie sich selbst!

Lebensbejahung und Lebensfreude durch positives Denken

Die wunderbare Gabe des Denkens

Jeder Mensch hat – wir wissen es jetzt – ein Unterbewusstsein. Die meisten von uns machen aber den Fehler, sich nur mit ihrem Bewusstsein zu identifizieren, obwohl dieser Teil ihrer Persönlichkeit nur etwa zwanzig Prozent ihrer gesamten geistigen Kapazität erfasst.

Jeder Mensch kann ganz selbstverständlich denken. Es scheint unsere einzige Fähigkeit zu sein, die wir in die Wiege bekommen und in unserer Kindheit entwickelt haben, ohne viel lernen zu müssen. Wäre das nicht so, wüsste ich keinen Weg, wie man Denken erlernen kann, ja ich könnte Ihnen nicht einmal die Frage beantworten, was ein Gedanke eigentlich ist.

Ich kann Ihnen helfen, die Möglichkeiten Ihrer geistigen Kapazität zu erkennen und auszuschöpfen; aber die Voraussetzung hierfür ist, dass Sie denken können. Die Tatsache, dass das jeder von uns kann und der einzige Unterschied darin besteht, dass der eine von dieser wunderbaren Gabe mehr, der andere weniger Gebrauch macht, drängt uns zwingend den Schluss auf, dass wir – der unvergängliche Kern unseres wahren Ichs – ein Geistwesen sind.

Der Körper als Werkzeug des Geistes

Der Körper ist nur ein Werkzeug für uns, dessen Gebrauch wir in der Kindheit allmählich erlernen. Werden wir uns bewusst, dass es unser Geist ist, der unseren Körper steuert und prägt und ihn gesund und leistungsfähig erhält. Solange wir im Geist mit uns und unserer Umwelt in Harmonie leben, wird dieser Automatismus auch reibungslos zu unserer vollsten Zufriedenheit funktionieren. Erst wenn wir geistig in Disharmonie geraten, wird sich diese Disharmonie in Form einer Fehlsteuerung und damit einer Krankheit in unserem Körper manifestieren.

Leider hindern uns unsere Zivilisation und der hektische Lebensrhythmus unserer Zeit in zunehmendem Maß, auf unsere innere Harmonie zu achten und nach ihr zu leben. Für uns alle aber ist es lebensnotwendig, jeden Tag wenigstens einige Minuten der geistigen Hygiene zu widmen und uns von den Belastungen des Tages frei zu machen.

Der Geist heilt unmittelbar

Wir sind, was wir zu sein glauben

Der Satz »Wir sind, was wir zu sein glauben« gilt in ganz besonderem Maß für den gesundheitlichen Zustand unseres Körpers. Blindversuche haben gezeigt, dass Heilmittel weitgehend die Wirkung haben, die wir von ihnen erwarten. Sobald sich unsere geistige Einstellung ändert, kann das Heilmittel wirken. Solange diese Erwartung nicht vorhanden ist, der Glaube an die Gesundheit also fehlt, ist eine wirkliche Heilung nicht möglich.

Der Glaube kann Menschen heilen und töten

Den besten Beweis hierfür liefern uns die Naturvölker, nämlich jene Eingeborenen, die von einem Medizinmann »verflucht« worden sind. Solche Praktiken sind besonders auf Hawaii und Borneo auch heute noch nichts Seltenes. Uns ist eine ganze Reihe von bezeugten Fällen bekannt, in denen Eingeborene von ihren Verwandten in ein Krankenhaus eingeliefert wurden, weil sie verflucht worden waren. Die gründlichen Untersuchungen mit den modernsten Methoden der Medizin ergaben, dass die »Kranken« organisch völlig gesund waren. Trotzdem verschlechterte sich ihr Zustand von Stunde zu Stunde. Nach drei Tagen waren sie regelmäßig tot, trotz intensivster ärztlicher Kontrolle.

Wenn der Glaube aber einen völlig gesunden Menschen in so kurzer Zeit töten kann, dann ist natürlich auch das Gegenteil möglich: Ein Kranker kann durch seinen Glauben in kurzer Zeit, mitunter sogar spontan, gesund werden. Der Glaube ist dabei jedoch nur der Auslöser, die eigentliche Heilkraft ist unser Geist, der das, was wir zutiefst glauben, auch verwirklicht.

Auch Goethe sagte schon: »Es ist der Geist, der sich den Körper baut.«

Gedanken verwirklichen sich

Wenn Sie mit Ihrer Situation unzufrieden oder wenn Sie krank sind, so ändern Sie Ihre geistige Einstellung. Erwarten Sie als Ergebnis dieser Änderung, als Wirkung, die zwangsläufig der Ursache folgt, eine Änderung Ihres Gesundheitszustandes bzw. der unerfreulichen Umstände. Lernen Sie der Kraft Ihres Geistes zu vertrauen, und nutzen Sie in ständig zunehmendem Maß Ihre geistigen Möglichkeiten. Halten Sie sich immer vor Augen, dass wir es in der Hand haben, nach unseren Wünschen gesund zu sein, wenn wir dafür sorgen, dass unsere Gedanken gesund sind.

Wer gesunde Gedanken hat, der kann nicht krank sein. Der gegenwärtige Zustand Ihres Körpers ist das genaue Spiegelbild Ihrer derzeitigen Gedanken; denn jeder Gedanke hat das Bestreben, sich zu verwirklichen, und manifestiert sich als Zustand Ihres Körpers.

Positives Denken als Gewohnheit

Seien Sie in Ihren Gedanken gesund, stark, mutig, froh, liebenswert, glücklich und erfolgreich. Seien Sie es ständig! Lassen Sie keine anderen Gedanken aufkommen. Wenn Ihnen das positive Denken zur Gewohnheit geworden ist, werden Ihre Augen strahlen, Sie werden sich wohl fühlen und andere mit Ihren Gedanken der Freude und des Erfolges mitreißen. Denn sobald Ihnen selbst das Geschenk des rechten Denkens zuteil geworden ist, sollten Sie versuchen, auch anderen zu helfen, diese Erkenntnisse zu gewinnen.

Denken Sie an andere, und Sie werden mit Freude feststellen, dass auch andere an Sie denken. Ihr Leben wird plötzlich heiter und voll Freude sein, allein durch die Tatsache, dass Sie sich selbst das Geschenk des rechten Denkens gemacht haben. Machen Sie sich dieses Geschenk. Sie werden dafür reich belohnt.

Und noch etwas: *Erwarten Sie das Wunder jetzt!*

Manche positive Gedanken mögen scheinbar ohne spürbaren Erfolg bleiben, weil deren Wirkung in Gedanken in die Zukunft verlegt wird. Denken Sie also nicht etwa: »Ich werde bald gesund«, sondern erfüllen Sie sich mit Zuversicht, dass Sie sofort, jetzt und hier, gesund sind, wenn Sie nur die krank machende Ursache aus Ihren Gedanken verbannen.

Der Zweifel tötet die Wirksamkeit jeden Gedankens

Machen Sie sich frei, denn der Zweifel tötet die Wirksamkeit eines jeden Gedankens, kaum dass er geboren ist. Wenn Ihnen das nicht gelingt, dann danken Sie für die Beseitigung der Krankheit, als sei sie bereits erfolgt.

Die wunderbare Kraft des Dankes

Die Gesundheit ist der normale Zustand des Menschen. Wer aber denkt schon daran, sich dafür zu bedanken, solange er sie besitzt. Allzuleicht nehmen wir unsere Gesundheit als selbstverständlich hin und beklagen uns nur, wenn wir sie nicht mehr haben. Dabei können wir kaum mehr für die Erhaltung unserer Gesundheit tun, als dies ein gelegentliches Wort des Dankes vermag. Bestärkt uns doch dieser Dank in unseren gesund machenden Gedanken.

Danken bestärkt die körperliche und geistige Gesundheit

Besonders wichtig für uns aber wird der Dank, wenn wir gerade glauben, am wenigsten Anlass zu haben: wenn wir Misserfolge hatten, wenn wir krank sind. Wir sind wie unerzogene Kinder; wir fordern immer nur, ohne daran zu denken, dass alles auch seinen Preis hat. Allzuleicht fordern wir

Gerechtigkeit nur für uns, ohne auch daran zu denken, gegenüber anderen selbst gerecht zu sein. Wenn uns dann ein schlimmes Schicksal trifft, dann beklagen wir die »große Ungerechtigkeit« und bedenken nicht, dass auch Ungerechtigkeit gerecht sein kann.

Danken bewahrt uns, was wir haben

Danken wir also stets für die vielen Dinge, die wir haben, ohne uns ständig über die wenigen Dinge zu beklagen, die wir entbehren. Danken wir für einen schönen Tag, für einen guten Arbeitsplatz und die Gesundheit unserer Kinder. Danken wir vor allem dafür, dass wir Sorgen, Krankheit und Not allein durch rechtes Denken fern halten können. Danken wir also nicht nur, wenn es in einer gefährlichen Situation »wie durch ein Wunder« noch einmal gut gegangen ist, sondern danken wir für die vielen schönen Dinge, die wir so selbstverständlich besitzen. Dieser Dank wird sie uns bewahren.

Gedanken von heute bestimmen das Schicksal von morgen

Ich danke Gott jeden Tag für das, was mir das Leben bringt. Ich danke auch für Schwierigkeiten und Ungerechtigkeit, erhalte ich doch so Gelegenheit, für Schwierigkeiten, die ich anderen bereitet habe, und für eigenes ungerechtes Verhalten anderen gegenüber zu bezahlen und mich dadurch von Schuld zu befreien. Dabei bin ich mir ständig bewusst, dass ich mit meinen heutigen Gedanken mein Schicksal von morgen bestimme. Daher versuche ich stets Gedanken zu denken, die mein Schicksal so formen, wie ich es gern erleben möchte und mit Freude erwarte.

Bezahlen auch Sie Ihre alten geistigen Schulden und sorgen Sie mit Ihren Gedanken dafür, dass Sie ein schöneres

Morgen erwartet. Der Weg zu Gesundheit, Glück und Erfolg ist auch für Sie offen. Seien Sie Optimist. Erwarten Sie das Beste als wohlverdiente Frucht Ihrer positiven Gedanken. Das Leben wird Sie nicht enttäuschen.

Seien Sie ein Optimist

Auch Pessimisten behalten meist Recht – zu ihrem Schaden

Sie ist nicht neu – die Geschichte von den beiden Fröschen, die eines Tages in einen Eimer voll Milch fielen. Der eine war ein Pessimist und sagte: »Hier komme ich doch nicht mehr raus«, und ertrank. Der andere war ein Optimist. Er sagte sich: »Ich weiß zwar auch nicht, wie ich hier herauskommen kann, aber solange es geht, will ich weiterstrampeln.« So strampelte er unentwegt, bis er die Milch zu Butter gestrampelt hatte, die in einem dicken Klumpen an der Oberfläche schwamm. Er kletterte drauf, sprang heraus und war gerettet.

Sicher, es ist nur eine nette Geschichte, aber im Leben verhält es sich meist ebenso. Der Pessimist rechnet schon gar nicht mit dem Erfolg und behält meist Recht. Der Optimist dagegen wagt sich, im Vertrauen auf sein Glück, auch an schwierige Unternehmen und schafft es ... Dabei kommt ihm oft ein Umstand zu Hilfe, der von niemandem vorherzusehen war und ohne den seine Bemühungen vergeblich gewesen wären. Der Pessimist sagt dann: »Na ja, der hat eben Glück gehabt.« Das stimmt aber nicht.

Das stimmt wirklich nicht, denn *Glück haben kann man lernen!*

Optimisten haben meist Glück

Wenn sich mehrere Bewerber um eine interessante Stellung bewerben, so wird sie fast immer derjenige bekommen, dem sowieso alles in den Schoß zu fallen scheint und der das Leben mit einem Lächeln meistert. Er braucht die Hand nur auszustrecken und bekommt, was er will.

Der Pessimist aber fühlt sich in seiner negativen Meinung einmal mehr bestärkt und sagt sich: »Ich habe mir ja gleich gedacht, dass ich Pech haben werde. Ich bin nun einmal ein Pechvogel, und es ist mein Schicksal, dass mir andere immer die besten Dinge vor der Nase wegschnappen.«

Optimisten werden nicht geboren

Diese Einstellung aber ist verkehrt. Denn Optimisten werden nicht geboren. Optimist wird man durch sich selbst!

Denken Sie immer daran, dass nicht ein übermächtiges Schicksal darüber befindet, ob Sie durch dieses Leben als Optimist oder als Pessimist gehen; Sie selbst bestimmen mit Ihren Gedanken, mit Ihrer geistigen Einstellung, ob Sie als Pessimist ewig vom Pech verfolgt werden oder ob Ihnen als Optimisten das Leben Ihre Wünsche erfüllt.

Unsere Gedanken sind unser Schicksal

Halten Sie sich das stets vor Augen und stellen Sie sofort auf positives Denken um. Erwarten Sie vom Leben stets das Beste, und Sie werden es bekommen.

Dem Glück die Hand reichen!

Wenn man Glück haben will, muss man dem Glück auch die Hand entgegenstrecken. Reichen Sie dem Glück die Hand und nehmen Sie, was Ihnen das Leben dann reichlich bietet, als legitime Frucht Ihrer positiven Gedanken.

Jede Wirkung hat eine gleichartige Ursache. Negatives Denken kann daher nur zu negativen Ergebnissen führen. Mit der gleichen Gesetzmäßigkeit aber wird positives Denken auch positive Früchte tragen, wie ein Apfelbaum unter allen Umständen stets nur Äpfel hervorbringen wird.

Sich am Ziel sehen

Wenn Sie also etwas vorhaben, dann stellen Sie sich immer vor Ihrem geistigen Auge vor, wie Sie Ihr Vorhaben erfolgreich verwirklichen. Wenn Sie sich um eine neue Stellung beworben haben, so sehen Sie immer wieder vor sich, wie der Personalchef auf Sie zukommt und Ihnen sagt: »Wir haben uns für Sie entschieden.«

Denken Sie stets daran (ich kann es nicht oft genug wiederholen), dass jeder Gedanke stets das Bestreben hat, sich zu verwirklichen. Sehen Sie daher immer das Ziel, das Ergebnis, das Sie anstreben, erreicht, vollendet vor sich.

Die Bildtechnik aktiviert enorme Kräfte

Damit aktivieren Sie enorme Kräfte Ihres Unterbewusstseins und setzen diese zur Verwirklichung Ihrer Ziele ein. Und Ihr Unterbewusstsein versteht noch besser als Worte Bilder. Sobald Sie ihm eine klare bildhafte Vorstellung davon geben, was Sie erreichen wollen, wird es alle Kräfte aktivieren, um dieses Ziel zu erreichen.

»Ja« – das wichtigste Wort in Ihrem Leben!

Ja – ist positive Einstellung

Sagen Sie JA zu Ihrem Leben, denn dieses Wort kann Ihr ganzes Leben verändern. Denken Sie JA, fühlen Sie JA. Sagen Sie JA, wenn ein Problem vor Ihnen liegt. Schieben Sie es nicht vor sich her, denn mit NEIN löst man keine Probleme. Erledigen Sie Ihr Problem. Sofort werden Sie sich freier fühlen. Nein macht nur ärgerlich, und Sie haben jeden Tag von neuem das gleiche Problem.

Sagen Sie JA, wenn Sie die Straßenbahn verpasst haben oder wenn unangemeldet Besuch kommt, obwohl Sie gerade weggehen wollten. Sagen Sie JA zum verregneten Urlaub, denn mit einem Nein wird nichts, aber auch gar nichts besser. Auch ein verregneter Urlaub kann Spaß machen, wenn Sie innerlich heiter und gelöst bleiben. Denn JA ist Medizin, mit JA geht alles besser. JA macht die Freude größer und die Sorgen kleiner – JA macht das Leben wieder lebenswert.

JA ist einfach wunderbar. Immer JA zu denken, zu fühlen, zu sagen und zu tun ist nicht einfach. Wenn man es aber einmal richtig kann, möchte man es nie mehr missen. Und denken Sie daran, auch andere brauchen Ihr JA. Sagen Sie es weiter, JA?

Man braucht nicht Millionär zu sein, um sich des Lebens richtig erfreuen zu können. Manchmal soll sogar die Million der echten Freude im Weg stehen.

Wer mit einem offenen Herzen an die Ereignisse des Lebens herangeht, der vermag sich auch an Kleinigkeiten zu erfreuen, am glücklichen Lächeln eines Kindes, an einer schönen Erinnerung usw. Die schönsten Dinge im Leben kann man ohnehin nicht kaufen. Aus solcher Lebensbejahung aber entsteht erst die große jubilierende Lebensfreude, die dem Dasein erst seinen Sinn gibt.

Aus der Lebensbejahung erwächst erst die Lebensfreude

Sind Sie ein Optimist?

Wenn Sie nicht ganz sicher sind, ob Sie ein Optimist sind, versuchen Sie einmal ganz ehrlich folgende Fragen zu beantworten:

Der Optimisten-Test

1. Gehen Sie bei bedecktem Himmel ohne Schirm spazieren, weil Sie annehmen, es werde schon nicht regnen, bevor Sie zurück sind (1), oder nehmen Sie doch lieber einen Schirm mit (2)?
2. Freuen Sie sich, wenn es schneit, über die guten Wintersportmöglichkeiten (1), oder ärgern Sie sich über die Verkehrsbedingungen (2)?
3. Pflegen Sie zu sagen, wenn etwas nicht gelingt: »Auf Regen folgt wieder Sonnenschein« (1) oder: »Das habe ich mir doch gleich gedacht, dass das nicht klappt« (2)?
4. Machen Sie auf jeder Reise, auf jedem Ausflug oder in jedem Restaurant nette Bekanntschaften (1), oder lernen Sie nur selten Leute kennen (2)?
5. Glauben Sie, dass man Sie schätzt (1), oder fühlen Sie sich öfter als »fünftes Rad am Wagen« (2)?
6. Singen oder pfeifen Sie, wenn Sie in der Badewanne sitzen (1), oder ist Baden für Sie nur notwendige Hygiene (2)?

7. Freuen Sie sich über einen gut gelaunten Menschen (1), oder neigen Sie zur Ansicht, es handle sich dabei sicher um einen verantwortungslosen Nichtstuer (2)?
8. Können Sie einen Freund bei einem geschäftlichen Fehlschlag auch dann trösten, wenn Sie selbst dabei einen Verlust erlitten haben (1), oder klagen Sie ihm nur Ihr Leid (2)?
9. Sind Sie auch der Meinung, dass die meisten Krankheiten nur auf negative Gedanken zurückzuführen sind (1), oder glauben Sie: Krankheit ist Schicksal (2)?
10. Wenn Sie bei einer Bewerbung um eine neue Stellung sehen, dass bereits zehn andere Bewerber warten, glauben Sie, dass Sie die Stellung trotzdem bekommen werden (1), oder gehen Sie dann gleich wieder weg (2)?
11. Lieben Sie helle, freundliche Farben in Ihrer Kleidung (1), oder tragen Sie lieber dunkle, seriöse Farben (2)?
12. Sind Sie fest davon überzeugt, dass die meisten Dinge im Leben letzten Endes eine gute Lösung finden (1), oder trifft das für Sie nicht zu (2)?

Testergebnisse Wenn Sie in mehr als zehn Fällen den jeweils erststehenden Vorschlag bejahen, also jeweils (1) als zutreffend befinden konnten, dann verstehen Sie auch in schwierigen Fällen das Beste aus Ihrem Leben zu machen. Sie sind ein Lebenskünstler.

Wenn Sie in mehr als sechs Fällen den ersten Vorschlag (1) bejahen konnten, dann sind Sie zwar bemüht, der Welt fröhlich entgegenzutreten; aber es klappt noch nicht immer. Lernen Sie JA zu sagen! Auch Sie werden noch ein regelrechter Optimist.

Wenn Sie aber in allen Fällen für den zweiten Vorschlag (2) stimmen mussten, dann sind Sie ein Pessimist, dem das Leben bieten kann, was es will; zufrieden sind Sie sowieso nicht. Aber glauben Sie deshalb nicht, ein hoffnungsloser Fall zu sein (es gibt keine hoffnungslosen Fälle).

Versuchen Sie es einmal optimistisch. Beginnen Sie unvoreingenommen, Ihrer geistigen Einstellung mit Hilfe der *Psychokybernetik* eine positive Richtung zu geben. Schon nach kurzer Zeit werden Sie feststellen, dass die Leute Sie freundlicher grüßen, dass die Sonne öfter scheint und dass das Leben mehr Spaß macht. Mit Hilfe der Psychokybernetik gelingt der entscheidende Aufbruch, ein Optimist zu werden – ein Mensch, dem das Leben seine Wünsche erfüllt.

Der Sinn des Lebens

Der Gedanke ist der Schöpfungsakt

Der Gedanke ist der Anfang aller Dinge. Nichts existiert, das nicht vorher gedacht worden wäre. Also ist der Gedanke die eigentliche Wirklichkeit, die Schöpfung, der Schöpfungsakt.

Auch unsere irdische Existenz verdanken wir einem schöpferischen Gedanken. Dabei ist es gleichgültig, oh wir glauben, dass Gott uns gedacht hat, die Natur oder eine kosmische Energie. In jedem Fall meinen wir etwas, das so groß ist, dass wir es gedanklich nicht mehr erfassen können.

Jeder Gedanke hat aber auch einen Sinn, ein Ziel. Ich glaube fest daran, dass es unsere Aufgabe ist, diesen Sinn zu erfassen und zu erfüllen. Hier ist die Meditation eine große

Hilfe, wenn nicht sogar der einzige Weg, um in uns selbst den Sinn unseres Lebens zu erfahren. In der Stille der Meditation bekommen wir Kontakt zu unserem inneren Selbst und reifen in der Erkenntnis des Gedankens, dem wir unsere Existenz zu verdanken haben.

Das Schicksal liegt in unserer Hand

Aber die Erkenntnis allein reicht nicht aus. Wir müssen diese Erkenntnis auch in die Tat umsetzen, um unser Leben wirklich zu erfüllen. Damit wir aber nicht nur einen vorgefassten Plan ohne eigene Entscheidungsfreiheit erfüllen, hat uns der, der uns geschaffen hat, die Kraft des schöpferischen Gedankens gegeben. Es liegt in unserer Hand, in Harmonie mit uns selbst und unserer Umwelt zu handeln oder in Disharmonie zu leben.

Unser Schicksal liegt in unserer Hand. Ein jeder von uns erntet täglich, was er gesät hat, und gleichzeitig sät er, was er morgen ernten muss. Wir sind nicht nur ein Teil der Schöpfung, sondern wir haben aktiven Anteil an dieser Schöpfung. Die Schöpfung ist nicht zu Ende, wir befinden uns mitten darin, und dank der uns verliehenen Kraft des schöpferischen Gedankens können wir einen kleinen Teil dieser Schöpfung mitbestimmen.

Sinn unseres Lebens ist es, den unserer Existenz zu Grunde liegenden Gedanken zu erfassen und zu verwirklichen und so zu werden, wie Gott uns gemeint hat.

8. Psychokybernetik mit Kindern

Ich möchte dieses Buch nicht beenden, ohne auch ein Thema zu behandeln, das vielen Eltern, Lehrern und Erziehern zu schaffen macht. Zu viele haben Schwierigkeiten mit den ihnen anvertrauten Kindern.

Die Arbeit mit Kindern ist nun das interessanteste und wohl auch erfolgreichste Anwendungsgebiet der Psychokybernetik. Unbelastet von Zweifeln wenden Sie die einmal erlernten Techniken an – und haben Erfolg.

Kinder arbeiten begeistert mit

Natürlich müssen diese Techniken entsprechend umgeformt und auf die Vorstellungswelt des Kindes abgestimmt werden. Wenn das geschieht, arbeiten Kinder begeistert mit. Immer wieder passiert es dann auch, dass Eltern sich von der freudigen Begeisterung und den Erfolgen ihrer Kinder mitreißen lassen und dadurch selbst erfolgreicher werden. Ganz besonders erfolgreich aber ist die Anwendung der Psychokybernetik zur Schulleistungssteigerung.

Psychokybernetik zur Steigerung der Schulleistungen

Die Methode, wie man Kindern bei Schulleistungsproblemen helfen kann, wird vielleicht am besten anhand eines Beispiels aus meiner Praxis zu veranschaulichen sein.

Gut im Sport, schlecht in der Schule

Jürgen war damals dreizehn Jahre alt und der Jüngste in seiner Klasse. Im Sport war er mit Abstand der Beste, aber in den anderen Fächern wurden seine Leistungen von Jahr zu Jahr schlechter. Über durchschnittliche Leistungen war er zwar nie hinausgekommen, da sich hier doch der Altersunterschied zum Klassendurchschnitt bemerkbar machte, aber nun war auch noch seine Versetzung gefährdet.

Seine Eltern waren beide den ganzen Tag in ihrem Lebensmittelgeschäft tätig und hatten keine Zeit, sich um Jürgen zu kümmern. Nachdem seine Leistungen nun aber so schlecht geworden waren, wollten sie ihn zurück zur Hauptschule schicken. Diesem Plan widersetzte sich Jürgen energisch, obwohl er auch nicht wusste, wie er seine Leistungen den Anforderungen im Gymnasium anpassen könnte.

Auch Kinder sind am Anfang skeptisch

Da lernte er eines Tages im Fußballverein einen anderen Jungen kennen, der einen Kursus für Psychokybernetik besucht hatte und so seine Leistungsprobleme lösen konnte. Jürgen hatte vorher noch nie von solchen Dingen gehört und war entsprechend skeptisch. Außerdem war er überzeugt, dass seine Eltern die

Teilnahme ohnehin nicht gestatten würden. Zu seiner Überraschung waren sie jedoch sofort damit einverstanden und meldeten ihn sogleich zum nächsten Kursus an.

Er informierte sich eingehend. Außer Schreibzeug und bequemer Kleidung sollte er eine Decke und ein Kissen mitbringen, da man den ganzen Tag im Liegen arbeiten würde. Ein wenig sonderbar kam er sich schon vor, als er bei Kursusbeginn mit Decke, Kissen und Trainingsanzug anrückte. Dann aber kamen immer mehr Kinder an, und Jürgen fand es »ganz lustig«. Es dauerte eine ganze Weile, bis alle zehn Teilnehmer der Gruppe ihren Platz gefunden hatten und ruhig geworden waren; aber dann verfolgten sie gespannt, was ihnen die Kursusleiterin sagte

Der Weg zum geistigen Entspannungsort für Kinder

»Stell dir vor, du stehst auf der Terrasse eines Hauses und vor dir führen sieben Stufen hinunter in einen wunderschönen Park. Du atmest ganz tief die gute Luft ein und gehst ganz langsam die erste Stufe hinunter.

Stufe 7: Rot

Auf dieser Stufe liegt eine große rote Tomate. Ganz nah und deutlich siehst du diese rote Tomate vor dir, die du auch anfassen kannst. Während du mit deiner Hand die kühle glatte Haut dieser großen roten Tomate spürst, wirst du ganz ruhig, und du fühlst dich ganz wohl.

Stufe 6: Orange

Dann atmest du wieder ganz tief ein. Während du ausatmest, gehst du auf die sechste Stufe. Dort liegt eine große Orange, die du dir wieder von ganz nah ansiehst. Wenn du mit der Hand darüberstreichst, spürst du die Unebenheiten der Orangenhaut, aber du riechst auch den köstlichen Duft. Du spürst, wie du immer ruhiger und friedlicher wirst.

Stufe 5: Gelb Wieder atmest du ganz tief ein. Während du ausatmest, gehst du nun auf die fünfte Stufe. Dort liegt eine große gelbe Banane. Ganz deutlich riechst du den anderen Duft und fühlst an der Bananenschale die Kanten. Die Banane ist ganz leuchtend gelb. Du siehst dieses Gelb deutlich vor dir. Du bist jetzt ganz ruhig und zufrieden und lässt dich durch nichts in dieser wunderbaren Ruhe stören.

Stufe 4: Grün Nun atmest du wieder ganz tief ein. Während du ausatmest, gehst du langsam auf die vierte Stufe. Dort steht ein Tannenbaum. Ganz vorsichtig streichst du mit deinen Händen über die Nadeln und siehst deutlich dieses kräftige Grün des Tannenbaums vor dir. Du riechst den starken Duft von Harz und du bist ganz heiter und gelöst.

Stufe 3: Blau Jetzt atmest du wieder ganz tief ein; und während du ausatmest, gehst du ruhig auf die dritte Stufe. Hier blüht eine wunderschöne, große blaue Blume. Ganz dicht beugst du dich über diese Blume, du fühlst ihre samtweichen Blätter und riechst den betäubenden Duft. Während du dir das herrliche Blau ansiehst, spürst du, wie alle Probleme von dir abfallen und du aus tiefstem Herzen froh und glücklich wirst.

Stufe 2: Lila Ganz tief atmest du wieder ein. Während du ausatmest, gehst du ruhig zur zweiten Stufe. Hier blüht ein großer Strauch mit lila Flieder. Dieser Flieder riecht wieder ganz anders, und auch die Blüten fühlen sich ganz anders an. Wieder gehst du ganz nah heran, bis du nur noch das herrliche reine Lila der Blüten vor dir siehst. Dabei wirst du noch glücklicher.

Stufe 1: Violett Noch einmal atmest du ganz tief ein. Während du ausatmest gehst du ruhig zur ersten Stufe. Hier steht ein großes violettes Stiefmütterchen. Es duftet kaum, aber es hat eine wunderschöne Farbe und Blätter wie der weichste Samt. Während du langsam über die samtweichen Blätter streichst, wird es in dir ganz still. In dieser wunderbaren Stille bist du so glücklich wie nie zuvor.

Am geistigen Entspannungsort

Nun zählst du langsam bis 3 und bist mit einem Schritt in diesem wunderschönen Park. Dort ist alles genau so, wie du es dir immer gewünscht hast. Wenn du das Meer liebst, dann findest du dort gleich einen herrlichen Strand, und das Wasser ist ganz rein und blau, sodass du die Fische sehen kannst. Wenn du willst, findest du auf der anderen Seite des Parks einen Berg, auf den du klettern kannst und von dem aus du eine schone Aussicht auf dein Reich hast. Hier kannst du frei bestimmen, und alles, was du wünschst, geschieht. Falls dir der Berg nicht mehr gefällt, zauberst du ihn einfach weg; denn hier geschieht nur, was du willst.«

Die »Tafeltechnik«

Jürgen lernte, dass volle Konzentration nur möglich ist, wenn man richtig atmet und sich richtig entspannen kann. Und damit war der Vormittag auch schon vorüber. Am Nachmittag schilderte jeder Teilnehmer seine Probleme, und die Leiterin des Kurses erklärte jedem die erforderlichen Techniken, um die Probleme zu beseitigen. Anfangs bereitete es Jürgen Schwierigkeiten, vor allen anderen Kindern zu gestehen, dass seine Leistungen in der Schule sehr zu wünschen übrig ließen. Als er aber sah, dass die anderen ganz offen ihre Probleme schilderten, hatte auch er keine Hemmungen mehr. Die Leiterin hörte verständnisvoll zu und gab ihm dann folgende Anleitung:

»Jeden Tag gehst du jetzt über die sieben Stufen in deinen Park. Dort stellst du dir zwei Tafeln auf, eine mit einem schwarzen Rand und eine mit einem weißen Rand. Auf die Tafel mit dem schwarzen Rand schreibst du alles, was du in Zukunft ändern möchtest. In deinem Fall also etwa so:

Das Negative ablegen

Ich bin in der Schule unkonzentriert und lasse mich leicht ablenken. Ich melde mich zu selten und bin nicht bei der Sache. Ich mache meine Aufgaben nicht sorgfältig und oft unvollständig. Ich gehe nicht gern zur Schule und bereite mich nicht genügend auf die Fächer des nächsten Tages vor.

Wenn du das ganz langsam und deutlich auf die Tafel geschrieben hast, dann tritt zurück und lies noch einmal alles durch. Dann nimm einen dicken Hammer und zerschlage die Tafel in tausend Stücke und zertrete die letzten Stücke noch mit den Füßen. Du bist dabei ganz wütend und nimmst dir vor, dein Verhalten gründlich zu ändern.

Nun lässt du deinen Zorn langsam abkühlen und wendest dich der Tafel mit dem weißen Rand zu. Auf diese Tafel schreibst du nun, wie du in Zukunft sein wirst:

Das Positive bejahen und ansteuern

- ○ Ab sofort konzentriere ich mich in der Schule ganz auf das, was der Lehrer sagt.
- ○ Ich lasse mich durch nichts mehr ablenken und melde mich jedes Mal, wenn ich etwas weiß.
- ○ Ich bin mit Interesse bei der Sache und arbeite fleißig im Unterricht mit.
- ○ Zu Hause mache ich meine Schularbeiten ganz konzentriert und sorgfältig und lasse mich auch dabei durch nichts ablenken.

○ Wenn ich meine Hausaufgaben konzentriert und sorgfältig gemacht habe, bereite ich mich gründlich auf die Fächer des nächsten Tages vor.
○ Ich werde nichts anderes mehr tun, bis meine Aufgaben konzentriert und sorgfältig gemacht sind und ich mich gründlich auf die Fächer des nächsten Tages vorbereitet habe.
○ Es macht mir von Tag zu Tag mehr Freude, meine ganze Kraft für das Ziel einzusetzen, meine Leistungen in der Schule immer weiter zu steigern, und ich tue alles, was erforderlich ist, um dieses Ziel zu erreichen.
○ Alles, was ich tue, werde ich immer konzentriert und sorgfältig tun und mich auf die Fächer des nächsten Tages immer gründlich vorbereiten.

Tiefe Gemütsprägung kraft Freude

Tritt nun einige Schritte zurück und lies mehrmals, was du auf die Tafel mit dem weißen Rand geschrieben hast. Dabei spürst du ein Gefühl der Freude, dass du endlich auf dem richtigen Weg bist, um dein Ziel zu erreichen. Lies so lange, bis dieses Gefühl der Freude ganz stark geworden ist und du dein neues Verhalten ganz deutlich und bildhaft vor dir sehen kannst. Präge dir diese Bilder ganz tief ein.

Ab dann gehe jeden Tag in deinen Park und lies immer wieder, was du auf die Tafel mit dem weißen Rand geschrieben hast, damit sich diese Worte von Tag zu Tag tiefer einprägen, bis dir das neue Verhalten selbstverständlich geworden ist.«

Die Wiederholung der positiven Bilder

Danach wurden diese Techniken so gründlich geübt, dass jedes Kind zu Hause allein weitermachen konnte. Einige Teilnehmer hatten schon bei Kursusende das Gefühl, einen Fortschritt bei der Lösung ihrer Probleme erzielt zu haben Auch Jürgen war der Ansicht, dass das neue Verhalten fast schon Teil seiner Persönlichkeit geworden war. Am Schluss des Kurses machte die Leiterin noch mit jedem Einzelnen einen psychoanalytischen Test, damit auch Probleme sichtbar wurden, die die Kinder selbst noch gar nicht erkannt hatten. Erst als alle Fragen beantwortet waren, war der Kursus beendet.

Die weitere Vertiefung der Bilder

Zu Hause machte sich Jürgen voller Freude und Hoffnung an die Übungen, überzeugt, dass die neuen Techniken ihm helfen würden. Zunächst prägte er sich sein neues Verhalten mit der *21-Tage-Technik* ein. Zusätzlich befolgte er den Rat der Kursusleiterin und stellte sich sein Endziel in immer neuen Bildern vor. Er sah, wie er eine Klassenarbeit mit der Note »sehr gut« zurückbekam und wie sein Lehrer ihn lobte.

Die Vorstellung, am Ziel zu sein

Dann stellte er sich die Freude seines Vaters vor und wie dieser ihm nach einigen guten Arbeiten ein Geschenk machte, was er sich schon lange gewünscht hatte. Jürgen dachte hierbei an ein ganz bestimmtes Moped. Er stellte sich weiter vor, wie er in seiner Klasse neue Freunde gewann, wie er mit diesen gemeinsam Aufgaben machte und wie er täglich voller Freude zur Schule ging. Diese positiven Bilder wiederholte er in immer neuen Varianten und prägte sie sich so von Mal zu Mal tiefer ein.

Es dauerte nur vier Monate, und er konnte die Früchte seiner intensiven Arbeit ernten. Seine Arbeiten wurden tatsächlich immer besser. Heute gehört er zu den Besten seiner Klasse.

Inzwischen sind weitere zwei Jahre vergangen. Als ich mich kürzlich noch einmal mit ihm unterhielt, erfuhr ich, dass er sich inzwischen gründlich auf sein Medizinstudium vorbereitet und bei seinem Notendurchschnitt keine Schwierigkeiten mit dem Numerus clausus haben wird. Er vertrat die Ansicht, Psychokybernetik müsse an allen Schulen Pflichtfach werden.

Die Früchte der Arbeit

Doch nicht nur zur Schulleistungssteigerung hat sich die Psychokybernetik bewährt. Jugendliche haben besonders in der Pubertät viele Probleme, die sich oft nur durch Nägelkauen, Bettnässen oder Nervosität äußern. Hier ist eine besondere Form der Psychokybernetik ungewöhnlich erfolgreich.

Psychokybernetik, während Ihr Kind schläft

Jeder Mensch, auch ein Kind, befindet sich mehrmals in jeder Nacht in der so genannten Alpha-Phase, das heißt, die Frequenz seiner Gehirnströme bewegt sich zwischen 7 und 14 Hertz. In dieser Phase ist sein Unterbewusstsein besonders leicht ansprechbar. Die erste Alpha-Phase beginnt meist schon wenige Minuten nach dem Einschlafen; da können dann Eltern leicht ihrem Kind die gewünschten Suggestionen geben.

Erhöhte Suggestibilität

Beginnen Sie bereits an der Tür leise zu sprechen und nähern Sie sich sprechend dem Bett. Wenn Ihr Kind einen leichten Schlaf hat, können Sie so leise sprechen, dass man es kaum verstehen kann. In der Alpha-Phase ist auch das Gehör so geschärft, dass alles trotzdem aufgenommen wird.

Niemals negative Formulierungen

Führen Sie also Ihr Kind zunächst über die Stufen 7 bis 1 und die dazugehörenden Farben in seinen geistigen Entspannungsort – in seinen Park – und geben Sie ihm dann die gewünschten Suggestionen. Achten Sie aber bei der Formulierung der Suggestion darauf, dass Sie stets nur positive Formulierungen verwenden. Sagen Sie also nicht:

Du wirst ab sofort nicht mehr ins Bett machen und nicht mehr schon mit Angst zu Bett gehen. Morgens wird dein Bett nicht mehr nass sein.

Eine solche Suggestion erzielt häufig die entgegengesetzte Wirkung, da gerade das, was Sie nicht mehr wünschen, dem Unterbewusstsein eingeprägt wird.

Positive Suggestionen

Formulieren Sie Ihre Suggestion positiv, also etwa so:

- Es macht dir Freude, zu Bett zu gehen.
- Immer wenn du nachts einmal »musst«, wirst du sofort wach und gehst zur Toilette.
- Du kannst danach sofort wieder tief und fest schlafen, und dein Bett bleibt ab sofort immer trocken.

Auf diese einfache Weise kann man oft in ganz kurzer Zeit ungewöhnliche Erfolge erzielen und auch schwierigen Kindern helfen, wieder mit sich selbst in Harmonie zu leben, wie dies in folgendem Fall geschehen ist.

Die Lösung eines jeden Problems

Ein Fall von Trennungsangst

Vor etwa zwei Jahren kam eine junge Mutter zu mir in die Sprechstunde, weil sie Probleme mit ihrer vierjährigen Tochter hatte. Die kleine Regine litt unter heftigen Angstzuständen – einer ganz speziellen Angst, wie sie sehr viele Kinder gerade in diesem Alter, oft von einem Tag zum anderen, befällt. Jedes Mal wenn Regine zu Bett gebracht wurde, wachte sie nach zwei Stunden schweißnass wieder auf, hatte starkes Herzklopfen und schrie fürchterlich.

Sie rannte dann vor Angst durchs Haus und war nicht ansprechbar. Sie erkannte dann auch ihre Eltern nicht oder entsetzte sich sogar vor ihnen, bis die Angst von einer Sekunde zur anderen wieder verschwand und Regine ganz friedlich zu Bett ging.

Das Trauma aus der Babyzeit

Ihre Mutter hatte schon einen namhaften Psychotherapeuten konsultiert, der auch die wahrscheinliche Ursache der Angst herausgefunden hatte. Als Regine acht Monate alt war, musste sie einige Wochen ins Krankenhaus, sieben Monate später dann noch einmal. Da sie sehr sensibel war, hatte sie die Trennung von der Mutter nicht überwunden. Diese Trennungsangst verfolgte sie heute noch. Trotz dieser Erkenntnis gelang es dem Psychotherapeuten nicht, die Angst zu beseitigen.

Ich hatte vorher noch nie versucht, die Psychokybernetik bei einer so jungen Patientin anzuwenden. Da sich aber keine andere Alternative anbot, wollte die Mutter dennoch diesen Versuch machen. Ich hatte ihr gesagt, dass sie nicht mit einem schnellen Erfolg rechnen könne, und sie gebeten, auf alle Fälle einige Wochen durchzuhalten. Jede Nacht, nachdem Regine eingeschlafen war, sollte sie ihr die Angst nehmen, indem sie ihr sagte, dass sie keine Angst zu haben brauche, da die Mutter nun stets bei ihr bleiben würde. Außerdem sollte sie Regine schon vor dem Einschlafen vorbereiten, indem sie ganz spielerisch mit ihr die Farben und Stufen durchüben und ihr sagen sollte, dass sie nach dem Einschlafen noch einmal zur ihr kommen werde.

Schon nach einigen Tagen besuchte mich die junge Mutter, um zu berichten, dass bereits der erste Versuch dazu geführt hatte, dass Regine zwei Nächte ohne Angst durchschlief. Ich war selbst überrascht von diesem Anfangserfolg.

Die Angst war verschwunden

Noch mehr aber staunte ich, als ich später erfuhr, dass die Intervalle bis zur nächsten Angst immer größer wurden; nach etwa sechs Wochen war ihre Angst völlig verschwunden. Inzwischen ist mehr als ein Jahr vergangen, und Regine hat nie wieder nachts Angst gehabt.

Der gute Erfolg bei Kindern ist darauf zurückzuführen, dass Kinder nicht, wie es so oft Erwachsene tun, mit ihrem Verstand die Wirksamkeit der Techniken in Frage stellen und dadurch den Erfolg behindern – oder sogar unmöglich machen. Sie erwarten den Erfolg, und der Erfolg bleibt nicht aus. So war es auch in dem folgenden Fall.

Ein Fall kindlicher Fettleibigkeit

Katia war damals erst sieben Jahre alt, aber bereits so übergewichtig, dass ihre Eltern in keinem Geschäft mehr passende Kleidung fanden. Da die Eltern berufstätig waren, blieb sie schon als Baby tagsüber in der Obhut der Großmutter. Die gute Frau war so besorgt um ihr Enkelkind, dass sie ihm häufig Schokolade an den Schnuller band, um den Appetit anzuregen, und ihm auch noch eine kleine »Zwischenmahlzeit« zu geben pflegte. So wurde Katja aus übertriebener Sorge regelrecht zur übermäßigen Esserin erzogen.

Das traurige Los »der Dicken«

Von den anderen Kindern wurde sie stets nur »Dicke« genannt. Beim Spielen stand sie meist traurig abseits. Nach der Einschulung machte sie auf Anraten des Schularztes eine Schlankheitskur mit. Aber der Erfolg stellte sich nicht ein, denn nach einer Woche wog sie mehr als zuvor.

Als sie zu mir in die Praxis kam und ich ihr sagte, dass sie mit Hilfe der Psychokybernetik wieder ganz schlank werden könne, war sie hellauf begeistert. Ich erklärte ihr genau die erforderlichen Techniken und hatte selten eine aufmerksamere Zuhörerin. Ihre Mutter erzählte mir später, dass Katja schon auf dem Heimweg fest davon überzeugt war, schlanker zu werden.

Der Glaube machte sie schlank

Es war bestimmt dieser feste Glaube, der hier zum Erfolg führte; denn in nur sieben Wochen war sie so schlank und vergnügt wie die anderen Kinder.

Erwarten Sie den Erfolg, und Sie werden Erfolg haben.

Ergänzend zu diesen eigens zur Problemlösung für Kinder gegebenen Anleitungen gilt natürlich all das, was im Kapitel »Psychokybernetik« gesagt wurde – über die besondere Tafeltechnik, die 21-Tage-Technik usw. Es wäre natürlich sinnwidrig, dies alles hier – nur weil von Kindern die Rede ist – zu wiederholen.

Ihr Kind schafft mehr, als Sie glauben

Denken Sie nicht, dass Ihr Kind »noch klein«, »verständnislos« oder »geistig noch zu wenig entwickelt« sei; das wäre völlig verfehlt. Auch Ihr Kind hat ein Unterbewusstsein, das intakt funktioniert und Unglaubliches zu leisten vermag, zumal ein Kind mit seinen »Glaubensreserven« noch größere Berge versetzen kann als ein Erwachsener.

Wenden Sie diese Techniken an – mit Ihrem Kind, für Ihr Kind. Sie werden staunen und beglückt sein.

9. Schlusswort

Der in diesem Buch beschriebene Weg der Meditation hat mein ganzes Dasein verändert. Durch ihn habe ich den Sinn meines Lebens erkannt und lebe heute in Harmonie mit mir selbst.

Daher möchte ich auch Ihnen helfen, zu sich selbst zu finden, den Sinn des Lebens zu erkennen und zu verwirklichen. Dieses Buch soll mehr sein als eine Information über ein interessantes Thema. Es soll Ihnen das Gefühl geben, dass Sie einen Freund gewonnen haben, der aus einer tiefen inneren Verpflichtung heraus interessiert ist, Ihnen zu helfen, Ihre Probleme zu meistern. Ich möchte dieser Freund sein. Wann immer Sie mich brauchen, werde ich für Sie da sein. Dieses Buch soll die Brücke sein zwischen uns beiden.

Wenn Sie die hier beschriebenen geistigen Techniken immer wieder üben und richtig anwenden, wird sich eine Tür Ihres Geistes öffnen, und Ihnen erschließt sich eine neue Welt. Diese Tür Ihres Geistes ist nicht verschlossen. Sobald Sie sie gefunden haben, können Sie sie ganz leicht öffnen. Trotzdem habe ich erfahren müssen, dass in der Hektik unserer Zeit viele Menschen den Kontakt zu ihrem Unterbewusstsein verloren haben. Sie können die Tür nicht mehr finden. Dabei sind es oft auch gerade die Tüchtigsten und Erfolgreichen, denen es so ergeht, obwohl dieser Kontakt für sie besonders wichtig wäre.

Sollten Sie also durch eigene Bemühungen diese Tür nicht finden, dann lassen Sie sich helfen. Erfahren Sie durch eigenes Erlebnis, wie einfach es in einer Gruppe von Gleichgesinnten sein kann, die Tür des Geistes zu öffnen, um sich dabei selbst und seine Umwelt aus einer ganz neuen Perspektive zu erleben. – Sie sind nicht mehr allein!

Wenn Sie einen Rat brauchen, schreiben Sie mir über die Verlagsadresse.

Wunschzettel

Lieber Leser,

als Verfasser dieses Buches habe ich mich bemüht, den Inhalt so klar und leicht verständlich wie möglich zu halten. Doch nichts ist so gut, dass man es nicht noch besser machen könnte. Wenn Sie mir dabei helfen wollen, dann beantworten Sie bitte folgende Fragen (Zutreffendes bitte ankreuzen):

Dieses Buch hat meine Erwartungen
erfüllt: ☐
nicht erfüllt: ☐
übertroffen: ☐

Mit Hilfe der hier beschriebenen Techniken habe ich die Tür meines Geistes
geöffnet: ☐
noch nicht geöffnet: ☐

Mit Hilfe dieser Techniken habe ich bereits
ein Problem gelöst: ☐
mehrere Probleme gelöst: ☐
noch kein Problem lösen können: ☐

LESERSERVICE

Prof. Kurt Tepperwein persönlich erleben:

Wünschen Sie tiefer in das Thema dieses Buches einzusteigen und die Chance zu nutzen, Prof. Kurt Tepperwein einmal live zu erleben?

Wir bieten Ihnen folgende Seminare und Ausbildungen an:

Seminar: *(Gewünschtes bitte ankreuzen!)*

☐ Die mentale Hypnose
☐ Gesund und vital
☐ Perlen der Weisheit
☐ Erfolgreiche Praxisführung
☐ Erfolg-reich-sein
☐ Optimales Selbstmanagement
☐ Manifestieren durch das neue Mental-Training
☐ Der Tepperwein-Prozess
☐ Faszination Geld
☐ Ferienakademien

Ausbildungen:

☐ Dipl. Lebensberater
☐ Dipl. Bewusstseins-Trainer
☐ Dipl. Intuitions-Trainer
☐ Dipl. Rückführungsleiter

Heimstudienlehrgänge:

☐ Dipl. Lebensberater
☐ Dipl. Intuitions-Trainer
☐ Dipl. Erfolgs-Trainer
☐ Dipl. Mental-Trainer
☐ Dipl. Seminarleiter
☐ Dipl. Mental-Gesundheitsberater

Gesamtprogramme:

☐ Gesamtseminar- und Ausbildungsprogramm der IAW
☐ Neuheiten der Bücher, Audio- und Videoprogramme von Kurt Tepperwein

Dazu ein persönliches Geschenk:
☐ Die 20-seitige Broschüre »Praktisches Wissen kurz gefasst« von Prof. K. Tepperwein

Sie erhalten Ihre gewünschten Informationen selbstverständlich kostenlos und unverbindlich bei:

Schweiz: Internationale Akademie der Wissenschaften (IAW)
St. Markusgasse 11, FL-9490 Vaduz
Tel. 00423/2331212 Fax 00423/2331214

Deutschland:
IAW-Seminare: Tel. + Fax 0911/699247 (Beratungssekretariat)
IAW-Produkte: Tel. 08342/8989378 Fax 08342/2738

Dr. med. Stephen T. Chang

Das Tao der ganzheitlichen Selbstheilung

Ein Mensch, der im Einklang mit sich und seiner Umwelt lebt, ist geistig, seelisch und körperlich gesund. Um dies zu befördern, haben die alten Chinesen Übungen entwickelt, die harmonisieren, beruhigen und die Funktion der inneren Organe stärken, die heilende Energien gezielt an alle Stellen des Körpers lenken. Von Atemübungen über Gesichtsmassagen und Übungen für Herz, Leber oder Nieren bis hin zum Dehnen der Zehen – alle Übungen zur Selbstheilung lassen sich einfach nachvollziehen und ohne besonderen Aufwand in den Alltag integrieren.

256 Seiten, kartoniert, zahlreiche Abbildungen, ISBN 3-7205-2023-4

Dr. med. Stephen T. Chang

Das Tao der Sexualität

Von der Weisheit des Liebens

Die Sexualität ist die Quelle der Glückseligkeit, die unserem Leben Gesundheit, Lebensfreude, innere Ausgeglichenheit und Weisheit schenkt – wenn neben der körperlichen Befriedigung auch das geistige und seelische Erleben berücksichtigt wird. Dr. med. Stephen Chang, ausgebildet sowohl in der traditionellen chinesischen Heilkunde als auch in der herkömmlichen westlichen Medizin, zeigt Wege auf, wie die taoistischen Lehren auch für uns anwendbar werden.

224 Seiten, kartoniert, zahlreiche Abbildungen, ISBN 3-7205-2009-9

Maitreyi D. Piontek

Das Tao der Frau

Energiearbeit, Selbstheilung, Sexualität

Ein Wegweiser für Frauen, die besser mit ihrem Körper, ihrer Sexualität und ihren Emotionen umgehen wollen, die harmonischer, natürlicher und gesünder, lustvoller und unabhängiger leben wollen. Die Autorin baut auf dem Tao auf, der ganzheitlichen und naturgemäßen Lebens- und Heilweise, die sich in China seit Jahrtausenden bewährt.

288 Seiten, kartoniert, zahlreiche Abbildungen, ISBN 3-7205-1925-2

ARISTON